JN123965

福博

街なか博物館

角 敬之

海鳥社

はじめに

「福岡には名所・旧跡がなく、県外からのお客様を案内するところがない」とよく耳にします。しかし、それは本当でしょうか？

注意深く、きょろきょろとよそ見しながら歩いてみると、意外と多くのものを発見することになります。現在はスマートフォンを手に、耳にはイヤホンを装着してのながら歩きの人が多い。はじめてのお店に行くときも、スマートフォンで地図を見ながら、街の様子を見ることもなく目的地へと向かっていく。街に設置された記念碑や彫塑を見落としてしまっており、非常に残念でもったいないと思います。知らない場所へ向かうとき、人に道を尋ねながら向い、1つ曲がり角を早く曲がってしまい道に迷って、そこで何か新しい物に巡り会えるかもしれないのに。

街の様子を見ながら歩いてみてはいかがでしょうか？　多くの発見があるかもしれませんよ。福岡はほかの都市と比較しても歴史のある町の1つ。卑弥呼の時代から活発な海外交流も行われてきました（卑弥呼の里の所在地については、九州説と近畿説に分かれており未だ決着はついていませんが、私は九州であってほしいと思っています）。

江戸時代、志賀島でお百姓さんが農作業中に金印を発掘しました。この金印は、『後漢書』東夷伝の「倭奴國」「倭國」に光武帝が下賜した「印綬」であると、福岡藩校・西学問所甘棠館の館長であった亀井南冥が認定します。この「倭奴國」「倭國」が九州・福岡周辺であることには異論はないと思います。

また、遣隋使船や遣唐使船が外海へ向かう拠点港でもあった福岡。船出に適した風を待つために長逗留となり、ふるさとを偲んで詠んだ歌の歌碑が設置されています。

これらの歴史を痕跡を示す史跡や歌碑のほか、歩道やビルの前庭には彫塑類を発見することがあります。それらは大きく声を上げたりせずに、静かにかつ堂々と佇んでいるように思う。福岡県人の気質によく表しているように。それらの設置の経緯や作者などを調べていけば、さらに新しい発見があったりと、楽しさがふくらんでくるかもしれません。

多くの皆さんに見ていただけるように考えて構成しました。最良ではないかもしれませんが、独自の地域分割を採用して紹介するとともにモデルコースを選定しました。巻末には、区・ジャンル別に分類した索引などを掲載したので街歩きの参考にしてください。

2023年11月

角　敬之

福博街なか博物館◉目次

中央区

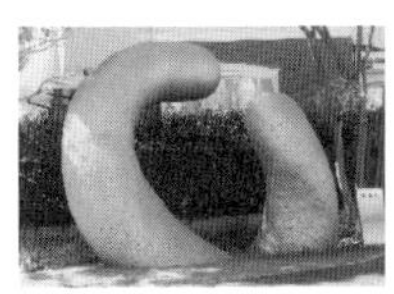

- 収録する作品は著者の判断で選びました。
- 企業の私有地や神社・仏閣の敷地内の作品を見学する際には、迷惑にならないようマナーを守りましょう。
- 作品を傷つけたり、景観を損なうような行為はしないでください。
- 各エリアごとに略地図を掲載していますが、実際に現地を歩く際はより詳細な地図を携行することをおすすめします。
- 本書に収録している作品は 2023 年 10 月時点のものです。

福博街なか博物館

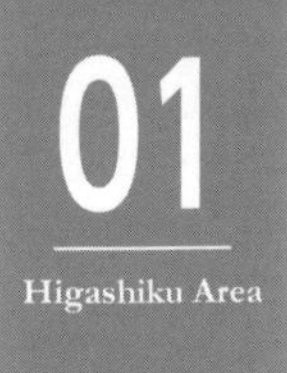

志賀島・海の中道

志賀島は、周囲約11 kmの小さな島だが九州本土と結ばれて陸続きとなっている。博多港から福岡市営渡船が運航されている。

特筆すべきは、江戸時代当地で「漢委奴國王」と刻印された金印が発掘され、『後漢書』東夷伝記載の「光武帝賜印綬」であると福岡藩校・西学問所甘棠館の館長亀井南冥が同定し、現在国宝の指定を受けていることである。偽物であるとの説もあったが、今では真印説が有力とされている。現在は福岡市博物館に展示されているので見ることができる。

鎌倉時代中期、文永・弘安の2度にわたる元の襲来を受けた。このとき犠牲となった蒙古軍兵士の霊を供養する「蒙古塚」(12)が建立されている。

また、1968年には明治100年を記念して、志賀海神社に「ちはやぶる鐘の岬を過ぎぬともわれは忘れじ志賀の皇神」(巻7-1230/作者不詳)が刻まれた万葉歌碑(01)が建立された。以降、順次追加され志賀海神社沖津宮近く「志賀の海人は藻刈り塩焼きいとまなみ髪梳の子櫛取りも見なくに」(巻3-278/石川君子)の歌碑(10)まで、10基建立されている。

志賀海神社から志賀島を縦断する道路の中央近くにある潮見公園には「志賀の浦に漁する海人明けくれば浦み漕ぐらしかじの音きこゆ」(巻15-3664/作者不詳)の4号歌碑(04)と知念良智作の「風」(11)が展示されている。

福岡市内には、現在22基の万葉歌碑があるが、区別の設置状況は右表の通りである。当地区では、万葉歌碑10基をはじめ12点を掲載する。

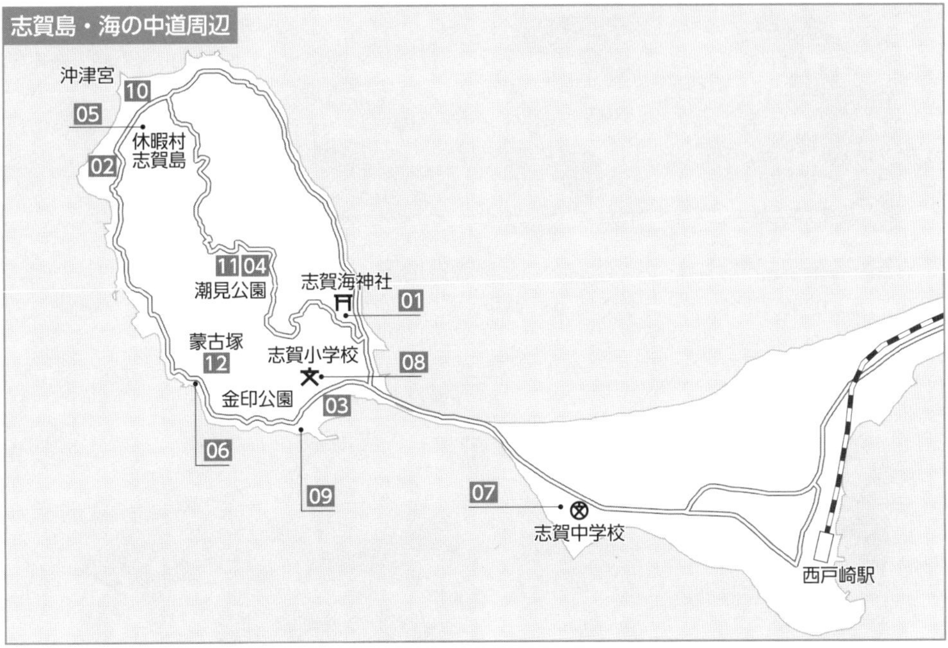

志賀島・海の中道周辺

沖津宮 10
05
休暇村志賀島
02
11 04
潮見公園
志賀海神社
01
蒙古塚
12
志賀小学校
08
金印公園
03
06
09
07
志賀中学校
西戸崎駅

■福岡市万葉歌碑設置状況

	東区	博多区	中央区	南区	城南区	早良区	西区	計
設置数	11	1	5	0	0	0	5	22

志賀島第１号歌碑

「ちはやぶる鐘の岬を過ぎぬともわれは忘れじ志賀の皇神」

巻 7-1230 ／作者不詳
志賀島 877（志賀海神社）

志賀島第２号歌碑

「志賀の山いたくな伐りそ荒雄らがよすかの山と見つつ偲はむ」

巻 16-3862 ／作者不詳
勝馬（志賀島園地）

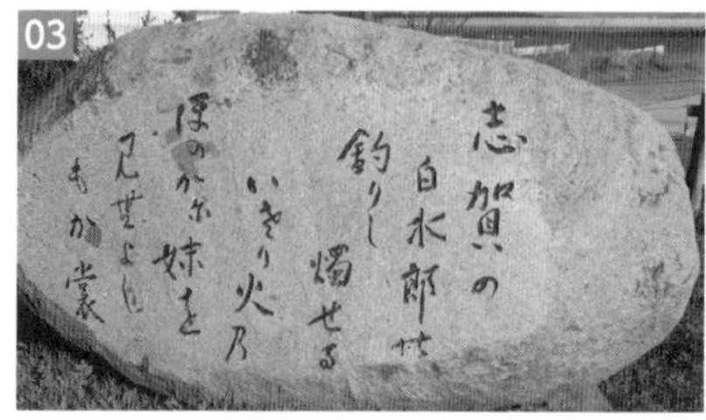

志賀島第３号歌碑

「志賀の白水郎の釣りし燭せるいさり火乃ほのかに妹を身無よしもか裳」

巻 12-3170 ／作者不詳
志賀島 1735-9（国民宿舎「しかのしま苑」跡）

志賀島第４号歌碑

「志賀の浦に漁りする海人明けくれば浦み漕ぐらしかじの音きこゆ」

巻 15-3664/ 作者不詳
志賀島（潮見公園 ）

志賀島第５号歌碑

「大船に小船引きそえかづくとも志賀の荒雄にかづきあはめやも」

巻 16-3869 ／山上憶良
勝馬 1803-1（休暇村 志賀島）

志賀島第６号歌碑

「志賀のあまの塩焼く煙風をいたみ立ちは昇らず山にたなびく」

巻 7-1246 ／作者不詳
志賀島（蒙古塚前）

志賀島第７号歌碑

「かしふ入江にたづ鳴き渡る志賀の浦に沖つ白浪立ちしくらし毛」

巻 15-3654
作者不詳
大岳 4-5-1
（志賀中学校）

志賀島第８号歌碑

「志賀の浦にいざりする海人家人のまちこふらむに明しつる魚」

巻 15-3653 ／作者不詳
志賀島 1566-1（志賀島小学校）

志賀島
第 9 号歌碑

「沖つ鳥鴨とふ船は也良の埼たみて漕ぎ来と聞えこぬかも」

巻 16-3867
山上憶良
志賀島
（棚ヶ浜海岸）

志賀島第 10 号歌碑

「志賀の海人は藻刈り塩焼きいとまなみ髪梳の子櫛取りも見なくに」

巻 3-278 ／石川君子
勝馬（志賀海神社沖津宮近く）

蒙古塚

近くには、張作霖書による「蒙古軍供養塔讃」の碑も建てられている。

志賀島
（叶の浜）

「風」

知念良智作
志賀島 968-1（潮見公園）

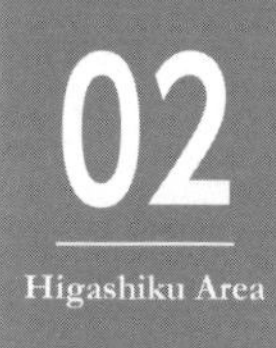

香椎周辺

▶香椎宮

古い時代、仲哀天皇・神功皇后の神霊を祀る香椎宮は、「香椎廟」「橿日廟」と呼ばれ神社とは異なる扱いを受けていたという。神社化したのは、平安時代中頃らしい。祭祀にあたって天皇から勅使が遣わされる神社を勅祭社といい、香椎宮は現在16ある勅祭社の1つである。香椎宮の場合、10年に1度勅使の参向を受ける。神社へ向かう道路が「勅使道」と名付けられていることでもそのことがわかる。

大宰帥として赴任した大伴旅人が香椎宮を参拝した際に「いざ児ども香椎の潟に白妙の袖さえ濡れて朝菜摘みてむ」（巻6-957）と詠んでいる。香椎宮頓宮にはこの大伴旅人の歌とともに小野老（おののおゆ）が詠んだ「時風吹くべくなりぬ香椎潟潮干の浦に玉藻刈りてな」（巻6-958）、宇努男人（うぬのおひと）が詠んだ「往き還り常に我が見し香椎潟明日ゆ後には見むよしもなし」（巻6-959）の歌を刻んだ歌碑（05）が建立されている。書は三条実美の筆による。

▶千早

千早中央公園は、JR鹿児島本線香椎操車場跡地を整備した際につくられた。香椎操車場は門司、鳥栖と並ぶ門司鉄道管理局における本社指定ヤードで、鹿児島本線の貨車集約・中継基地の1つとして機能した。博多駅や長崎地区を発駅とする鮮魚特別列車の中継基地でもあった。

千早中央公園には香椎操車場跡であったことを示すものとして、操車場をまたぐように設置されていた千早陸橋のモニュメント（01〜03）などが設置されている。

また、この地は博多湾に面しており、香椎パークポート・アイランドシティといった埋立地にも近接している。これら埋立地には港湾施設が集積し、国内外の船便との交流拠点を形成するとともに、副都心構想のもと香椎駅前・千早地区の再開発による新たな街づくりが進行中である。長い歴史を持つ地区と新しい地区との融合はこれだけでも博物館の様相を持つものではなかろうか。

▶神功皇后の伝承と２つの兜塚

東区には神功皇后にまつわる言い伝えが残る。JR香椎駅近くの香椎宮飛地の兜塚（04）と名島海岸の帆柱石（15）、縁の石（16）である。兜塚には、この地で神功皇后が兜を着けたという伝承が残る。帆柱石は、神功皇后が三韓征伐から帰国の際に乗船していた船の帆柱が化石化したものと伝えられている。

帆柱石すぐ近くに縁の石はある。三韓征伐から帰朝して名島に着いた際、懐妊していた神功皇后が腰を下ろして休んだ石といわれており、この石により沿えば安産に、縁遠い子女が祈れば良縁に巡り合えるといわれている。

この地区には足利尊氏にまつわるもう１つの兜塚（18）がある。この兜塚は1336年３月、足利尊氏と九州南朝方菊池連合軍との間で繰り広げた多々良浜の戦いでの両軍の犠牲者を慰霊するために建立されたものという。

戦は北からの春風や松浦水軍の謀反もあり、足利軍が勝利する。勝利した足利尊氏は再び東上し、室町幕府を開くこととなる。この戦では、両軍合わせて数千人の犠牲者が出たという。いつの頃からか定かではないが、両軍の犠牲者を鎮魂するための慰霊碑として兜塚が建てられて毎年レンゲの花が咲く頃に地元の人々の善意で祭祀が執り行われてきたという。

▶名島

名島海岸通り歩道には「リンドバーグ飛来記念写真パネル」(13、14)が設置されている。大西洋無着陸横断飛行に成功したチャールズ・オーガスタ・リンドバーグは、1931年に妻とともにニューヨークを飛び立ち、カナダ〜アラスカ〜カムチャッカ〜北海道〜霞ヶ浦〜大阪と経由して9月17日、福岡訪問のため名島水上飛行場に着水した。そのとき市民の大歓迎を受けた様子の写真である。

また、このとき使用された飛行機ロッキード・シリウス機の縮尺40分の1模型が福岡空港国際線ターミナル2階に展示されていたが、増改築工事のため現在は撤去されている(59頁参照)。

リンドバーグ飛来記念写真の先には「秀吉茶遊井戸」と書かれた写真パネル(12)があり、次のような説明が添えられている。

「妙見島は天正年間に名島城主小早川隆景公在城の時、博多の豪商神屋宋湛が茶会を儲け隆景公を饗したと宋湛日記に記している。当時の井戸が妙見島に現在も残っている」とある。

妙見島は埋め立てられ現在は陸続きとなっており、秀吉茶遊井戸跡の石碑はマンションの駐車場横にある。

当地区では、香椎頓宮に設置された大伴旅人ら3人の歌を刻んだ万葉歌碑をはじめ19点を掲載する。

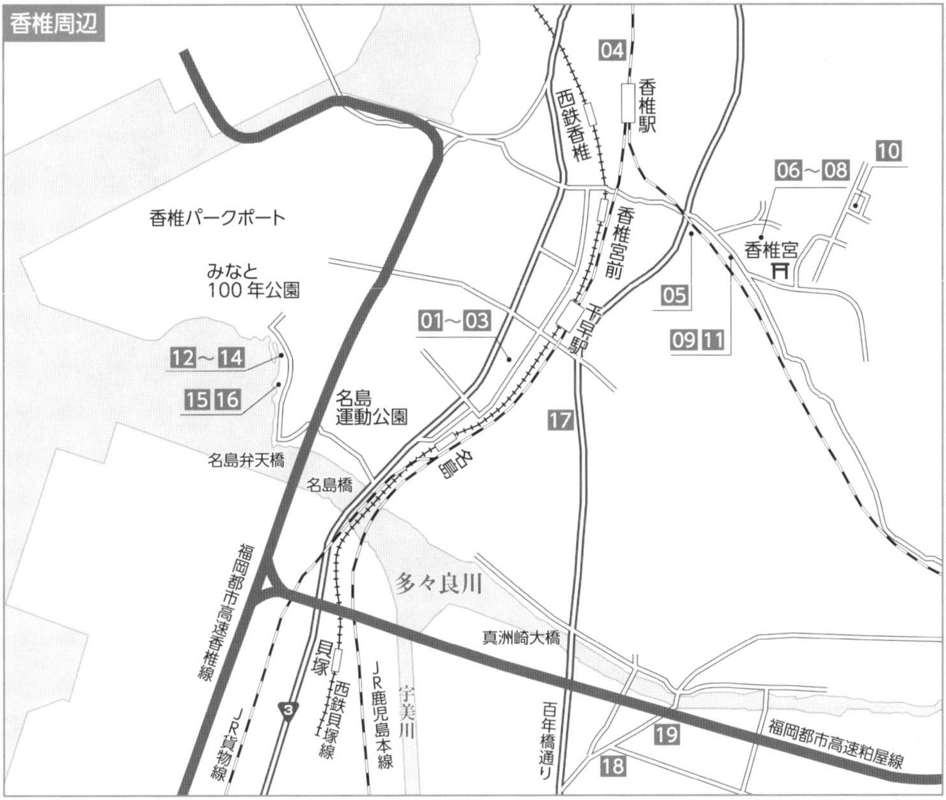

香椎周辺

香椎パークポート
みなと
100 年公園
12～14
15 16
名島
運動公園
名島弁天橋
名島橋
福岡都市高速香椎線
JR貨物線
3
01～03
西鉄香椎
04
香椎駅
香椎宮前
千早駅
名島
貝塚
西鉄貝塚線
JR鹿児島本線
宇美川
多々良川
真洲崎大橋
17
百年橋通り
18
19
福岡都市高速粕屋線
05
09 11
06～08
10
香椎宮

香椎操車場と千早陸橋のモニュメント

陸橋に使われた鉄骨の一部を用いたモニュメント（01）と千早陸橋のモニュメント（02、5連ワーレントラス橋）、レール止モニュメント（03）。
千早 4-12（千早中央公園）

04

兜塚

神功皇后がこの地で兜を着けたとも、この地に兜を埋めとも伝えられる。石には怖い物語が伝わる。
享保の頃、博多の医師萩野玄庵がこの石を運び去り庭石とした。玄庵の死後、息子の玄伯が父の墓石としたところ、一家はたちまち急病にかかり、ことごとく亡くなった。
たたりを恐れた人々は、文化元年夏頃に穢を除くために一旦海浜（香椎宮頓宮近く）に戻し、昭和初年頃に現在地に安置した。もう１つの石は寛保の頃に源四郎という者が石を彫って塚上に納めたものと伝えられる。

香椎駅前 1-26（香椎駅近くの香椎宮飛び地内）

05

万葉歌碑

「去来児等香椎乃滷爾白妙之袖左倍所沾而朝菜摘手六」（巻 6-957 ／大伴旅人）
「時風應吹成奴香椎滷潮干汭爾玉藻苅而名」（巻 6-958 ／小野老）
「徃還常爾我見之香椎滷従明日後爾波見縁母奈思」（巻 6-959 ／宇努男人）

香椎 1-23（香椎宮頓宮）

06

阿波野青畝句碑

阿波野青畝（1899 ～ 1992）。「爽かに宿祢掬みけむ布老水」

香椎 4-16-1（香椎宮茶店前）

07

武内宿禰像

記紀に伝わる古代日本の人物。

香椎 4-16-1
（香椎宮勅使館裏手）

扇塚

博多民踊協会建立。古来より芸能に欠かせない扇。いつも手元にあった古扇を納め、さらなる精進を祈ったもの。

香椎 4-16-1（香椎宮勅使館裏手）

行啓記念碑

貞明皇后（大正天皇の皇后）が欧州訪問に出かけた裕仁皇太子（昭和天皇）の無事の帰国を感謝して行啓した際の記念碑。

香椎 4-15-17（香椎宮しょうぶ園前の通路の向かい）

香椎台おいの山公園モニュメント

室町時代～戦国時代にあった御飯ノ山城を配した山の形のモニュメント。

香椎台 5 - 10
（おいの山公園）

参道記念碑

勅使道の改修記念碑。

香椎 4-15-17
（行啓記念碑横）

秀吉茶遊井戸写真パネル

神屋宗湛が茶会を開き、小早川隆景を饗した際に用いた井戸。写真パネル先のマンションの駐車場脇に井戸跡が残る。

名島 1-30-30 近く（名島海岸遊歩道に展示）

13

14

リンドバーグ飛来記念写真パネル

大西洋無着陸横断に成功したリンドバーグは、その後世界親善訪問飛行のため各国をまわる。名島水上飛行場にも立ち寄り大歓迎を受けたという。そのときの様子を写した写真パネル。

名島 1-29-24 近く（名島海岸遊歩道）

15

名島帆柱石

神功皇后が三韓出征に使用した船の帆柱が化石になったものとの言い伝えがある。

名島 1-27 近く（名島海岸）

16

縁の石

懐妊していた神功皇后が休んだ石。寄り添えば安産、縁遠い人が祈れば良縁にめぐまれるとの言い伝えがある。

名島 1-27 近く（名島海岸遊歩道の陸側）

17

わくろ石

水利に苦労した農民がカエルの大将「わくろ」を祀り雨ごいをしたという。そのカエルに似た石を祀る。

東区松崎 2-24（若宮入口の信号より徒歩 2 分）

18

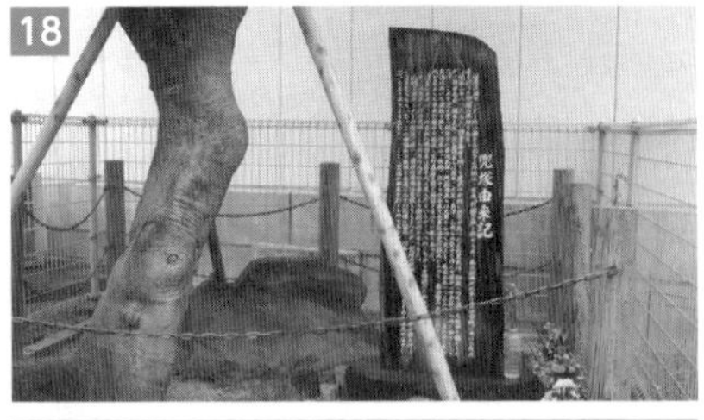

兜塚

多々良浜の合戦での犠牲者を慰霊するために建立された碑。

多の津 1-1（流通センター西口交差点）

多々良浜古戦場 多々良潟の碑

足利尊氏軍と九州南朝方菊池連合軍が戦った古戦場跡。
多の津 1-20（多田羅交差点より徒歩 2 分）

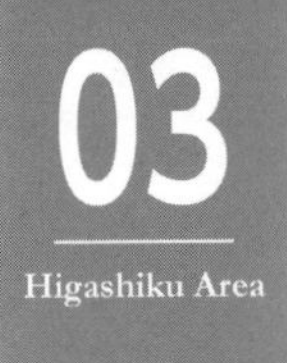
03
Higashiku Area

筥崎宮・九州大学医学部周辺

▶筥崎宮

筥崎宮は日本三大八幡宮の1つ。鎌倉時代、蒙古襲来に際し亀山上皇が外敵退散を祈願して「敵国降伏」と揮毫した扁額が掲げられており、必勝祈願のご利益があるとして、正月にはプロ野球福岡ソフトバンクホークスやプロサッカーチームアビスパ福岡の監督・コーチ・選手が参拝する姿が毎年報道されている。

博多区東公園に亀山上皇の銅像があり（31頁参照）、その原型となった木彫が同宮にある。木彫は当初東京のよみうりランドに奉納されていたが、御神縁によって亀山上皇と元寇にゆかりのある筥崎宮に寄贈されたもので、現在は奉安殿に安置されている。

筥崎宮の近くには千利休が豊臣秀吉を招いて茶会を開いたという恵光院がある。6月中旬には菩提樹の黄色い可憐な花が満開となり甘い香りを楽しませてくれる（07）。

▶馬出

九州大学は箱崎・六本松・病院地区など各地に分散していたため、西区元岡地区に移転・統合されたが、医学系キャンパスは移転せずに当地での整備拡充が進められることとなった。

九州大学医学部の前身は京都帝国大学福岡医科大学で、1903年に設立された。古い歴史を持ち、キャンパス内には初代学長大森治豊の銅像（13）をはじめ5人の胸像などがある。

また、当地区には戦前「奈良、鎌倉に次ぐ大仏様」として、博多の市民に親しまれた「博多大仏」があった。大仏があった時宗寺院の称名寺には、大仏様の台座（09）のみが残されている。大仏建立と台座のみとなった経緯を称名寺さんにうかがった。

1888年、神戸の寺院から頭部のみの巨大な仏像を貰い受けた後、首から下を20年の歳月をかけて鋳造したという。高さ5.5 mの大仏で称名寺にはその立派な姿の写真が残されている。

博多の誇りであったが、太平洋戦争中の金属類回収令に応じて拠出したため、台座のみがこのように形で残っているとの話であった。

松尾芭蕉は三重県出身の俳人で、『奥の細道』の著者として誰もが知るところである。福岡を旅したという記録はないが、当地に枯野塚という墓碑と句碑がある。枯野塚の説明によれば「1699（元禄2）年、郷土の俳人哺川（ほせん）は博多に滞在していた松尾芭蕉の高弟向井去来（きょらい）から松尾芭蕉の辞世の句を贈られたことに深く感謝し、同じ高弟の志太野披（しだやば）に『芭蕉の墓』の碑名の揮毫を依頼、1700（元禄3）年『枯野塚』として建立」とある。「旅に病んで夢は枯野をかけめぐる」の句碑（10）と墓碑（11）がある。

箱崎の網屋天満宮に鯨への感謝と慰霊の気持ちこめて祀った「鯨塚」（04）がある。これは鯨を捕獲した地元漁師らによって建立されたものである。同様の主旨で西区姪浜の福岡市漁業協同組合姪浜支所の横、事代（ことしろ）神社にはイルカを供養した「海豚之塔」（183頁参照）がある。

当地区は、九州大学医学系キャンパス正門を入ってすぐに建つカール・ミレス作「神の手」（12）をはじめ23点を掲載する。

筥崎宮・九州大学周辺

一光寺
01～03
網屋天満宮
04 05
06
東区役所
福岡県立
図書館
JR鹿児島本線
箱崎駅
08
07
筥崎宮
09
JR篠栗線
山陽新幹線
10 11
九州大学
病院キャンパス
18
22
16 17
21
23
20
福岡都市高速香椎線
御笠川
12～15
19
福岡県庁
東公園
吉塚駅
パピヨン通り
千鳥橋
十日恵比須
神社

吉岡禅寺洞句碑①

終焉の5日前、高弟の求めに応じて読んだ句「冬木の木ずれの音誰れもきていない」

箱崎 3-28-40
(一光寺境内)

石燈籠

箱崎 3-28-40
(一光寺境内)

吉岡禅寺洞句碑②

吉岡禅寺洞（1889 ～ 1961）。自由律の俳人。

■ 俳聖吉岡禅寺洞の「母を葬る」の句

「母という名に生きてきた遺骨のかるさを抱く」

「錦でつつまれた母の遺骨銀杏はまだ枯かれている」

「幼ない日にあそんだ銀杏の下に立つ母の遺骨と」

■ 俳聖吉岡禅寺洞の自選句について

「まっしろき蝶ひとつゐて「時」をはむ」
（昭和 12 年 6 月 10 日「時の記念日」より）

「土古く渡来の鶴をあるかしむ」
（昭和 16 年 1 月 30 日「阿久根の鶴」より）

「ここにきて彼岸の入日額にうける」
（昭和 28 年 3 月 21 日、天草栖本円性寺にての句）

箱崎 3-28-40（一光寺境内）

鯨塚

博多湾で捕獲した鯨への感謝と供養のために地元漁師たちが建立したもの。かつて九州大学構内にあったものを現在地に移して祀っている。

箱崎 2-10-21（網屋天満宮）

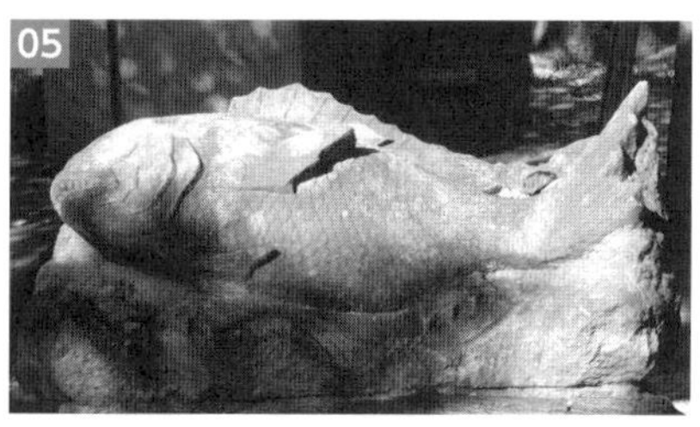

魚の石像

箱崎 2-10-21（網屋天満宮）

旧御茶屋跡之碑

黒田藩主遠騎にて立ち寄りの際、お茶の用意をした場所と伝えられる。

箱崎 2-10-21
（網屋天満宮）

菩提樹の花

6 月には黄色の小さな花が満開となり甘い香りを漂わせる。恵光院は真言宗の古刹。

馬出 5-36-35（恵光院境内）

08

「和」

大村清隆作
馬出 4-12-22
（福岡県教育会館）

09

博多大仏台座

神戸の寺院から巨大な頭部を受領し首から下を鋳造。戦時下の金属類回収令に従い拠出された。
馬出 4-1-50（称名寺）

10

11

枯野塚と芭蕉翁之墓

句碑（10）には「旅に病んで夢は枯野をかけめぐる」と刻まれている。その隣には芭蕉翁之墓（11）がある。
馬出 5-228（民家の裏）

12

「神の手」

カール・ミレス作
馬出 3-1-1（九州大学医学部）

大森治豊先生像

小田部泰久作。大森治豊（1852 ～ 1912）。山形県出身の外科医。初代学長兼病院長。
馬出 3-1-1
（九州大学医学部）

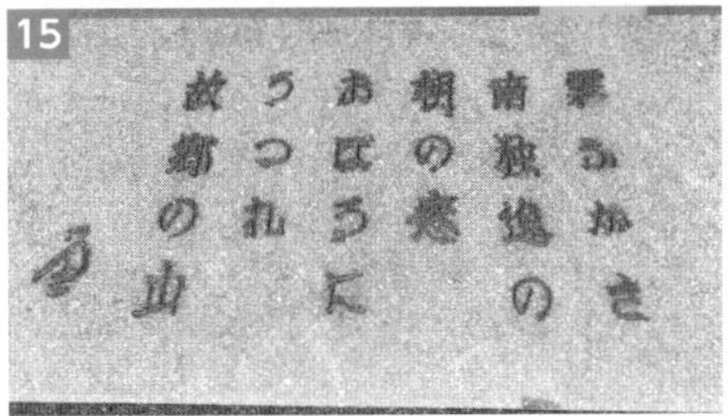

久保猪之吉先生と歌碑

久保猪之吉（1874 ～ 1939）。福島県生まれの医師・歌人で耳鼻咽喉科学の先駆者。長塚節の主治医でもあった。
歌碑（15）にはドイツ留学時に詠んだ短歌「霧ふかき南独逸の朝の窓おぼろにうつれ故郷の山」とある。
馬出 3-1-1（九州大学医学部）

醫學博士
武谷廣先生

福岡出身の内科医。内科学第二講座第 2 代教授。
馬出 3-1-1
（九州大学医学部）

醫學博士
稲田龍吉先生

名古屋市出身の細菌学者。第一内科初代教授。
馬出 3-1-1
（九州大学医学部）

18

吉田とめ 女史之像

初代看護婦長。
馬出 3-1-1
(九州大学医学部)

19

慰霊塔
「崇高な精神」

石川幸二作
馬出 3-1-1
(九州大学医学部)

20

「口腔の健康が世界を救う」

石川幸二作。九州大学歯学部創立50周年記念モニュメント。
馬出 3-1-1 (九州大学医学部)

21

長塚節逝去の地碑と歌碑

長塚節は明治時代の歌人・小説家。喉頭結核を患い久保猪之吉の治療を受ける。歌碑には「白銀の鍼打つごとききりぎりす幾夜はへばな涼しかれうらむ」とある。
馬出 3-1-1 (九州大学医学部)

22

利休釜掛けの松

千利休が松に釜をかけ、松葉を集めて湯を沸かしたという松の木。その湯で秀吉に茶を点てた。
馬出 3-1-1 (九州大学医学部)

23

「新生」

片山博詞作
馬出 3-1-1
(九州大学病院)

04

Hakataku Area

県庁周辺

▶東公園

県庁舎が中央区天神１丁目（現アクロス福岡・天神中央公園）から、現在地の博多区東公園に移転したのは、1981年11月16日のことだった。県庁舎の基本設計は黒川紀章が行う。近隣の黒川設計の建物として福岡銀行本店（中央区天神）があるほか、県外には嬉野温泉和多家別荘（佐賀県嬉野市）長崎新聞本社ビル（長崎県長崎市）などがある。黒川紀章は1964年に開催された東京オリンピックの会場の１つとして建設された代々木第一体育館を設計した世界的な建築家丹下健三に師事した建築家の１人である。外壁は雨に濡れても変色しないように特殊な焼成法でつくられたタイル張りで、その色は「利休鼠（ねずみ）」という。六角形の議会棟、南北２棟で構成された行政棟、正方形の屋根に太陽熱利用のガラスパネルを張った警察棟といった構成になっている。

県庁正面の東公園は、野球場・テニスコート・多目的広場などを有する広い公園であったが、福岡県庁の移転・建設に伴い球場などは廃止され、緑豊かな都会の公園として再整備された。公園内には亀山上皇や隣接して日蓮上人の銅像（01、02）が建つ。

亀山上皇は鎌倉時代に元が襲来した際、「我が身を持って国難に代えられん」と伊勢神宮に「敵国降伏」を祈願した。その結果、神風が吹き荒れて元軍は壊滅したという。このことにちなみ、福岡県警務部長湯地丈雄らの長年の尽力によって、亀山上皇像がこの地に建立されたと聞く。原型は博多区冷泉町出身の彫刻家山崎朝雲によって製作されたもので、朝雲の代表作の１つといわれている。その原型となった木彫は筥崎宮奉安殿に安置され一般公開されている（22頁参照）。

▶千代

御笠川のほとりに「濡れ衣を着せる」という言葉のもととなったとされる「濡衣塚」(09)がある。濡衣塚にまつわる逸話は以下の通りである。

聖武天皇の頃、筑前守に任命された佐野近世(ちかよ)は妻と娘春姫を伴って京から博多に赴任する。長旅の疲れもあり妻が急死。近世はその後、まわりのすすめもあり再婚した。再婚した妻には子供があり、春姫を疎ましく思っていた。

ある日、志賀の浦に住む漁師は後妻から春姫に釣り衣を盗まれたと夫に言いつけるよう依頼される。後妻の悪だくみとも知らず、漁師からの苦情を真に受けた近世は確かめるため娘の寝所へ行くと、眠っている娘の上にビッショリと濡れた釣り衣がかかっているのを見て愕然とし、その場で切り捨ててしまう。その後、近世の枕元に少女が立ち、無罪を訴えて

濡れ衣の袖よりつたう涙こそ永き世まで無き名なりけり
ぬぎ着するそのたばかりのぬれ衣は永き浮名のためしなりけり

と詠む。

この少女は春姫だと悟った近世は、我が身の潔白を証明するため夢枕に立った娘の姿に自分の過ちに気づき、悔恨の涙を流したという。その後、近世は松浦山に登って苦行の道に入り、娘の霊を弔うために、普賢堂・辻の堂・石堂・奥の堂・萱堂・脇堂・瓦堂の七堂を建立したという。この話は1641年版『雑和集』にあるといい、また貝原益軒の『筑前続風土記』にもでているという（福岡県総務部広報課編『郷土のものがたり』)。

福岡県議会棟近くの公園内に「松原水」(06)という井戸跡がある。これは地下水の水質が悪い博多部の飲用水確保のために掘られたもので、皇太子嘉仁親王（大正天皇）が福岡に行啓した際にも使用された。

当地区では、「濡衣塚」をはじめ13点を掲載する。

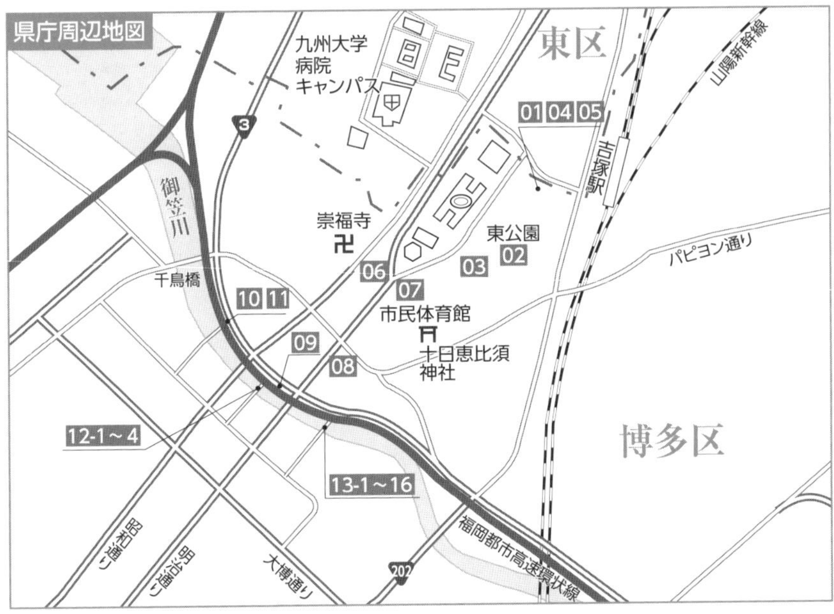

亀山上皇像

山崎朝雲作。亀山上皇（1249～1305）。第90代天皇、南朝の祖。
東公園（入口広場）

日蓮聖人像

竹内久一作。日蓮（1222～82）は鎌倉時代の僧侶。日蓮宗の宗祖。
東公園 7-11（東公園）

箱崎公園の碑

東公園
（芝生広場そば）

東郷平八郎像

東郷平八郎（1848～1934）。薩摩藩士の子として鹿児島にうまれる。海軍大将、日本海海戦でバルチック艦隊に勝利する

東公園 7-11
（日蓮聖人像左手）

日菅上人頌徳碑

東公園 7-11（日蓮聖人像右手）

松原水

博多部の人の飲用水として掘った井戸。嘉仁親王（大正天皇）福岡行啓の際にも使用されたという

東公園 9（千代東公園）

07

第十六代福岡市長
福岡市名誉市民
阿部源蔵氏像

阿部源蔵（1900～74）。東京帝国大学卒。内務省、福岡市助役を経て1960年第16代福岡市長に。以降、1972年までの3期市長を務める

東公園8-3
（福岡市民体育館）

09

濡衣塚

「濡れ衣を着せられる」という言葉のもととなったとされる逸話が残る

千代2（石堂橋近く）

08

「メロディ（Melody）」

R・ラヴィーナ・ラスト作

千代2-23-1（千代交番前）

10

11

恵比須橋モニュメント

福岡都市高速・国道3号の街灯と走る車のライト、御笠川に映る明かりが美しいと評判に

千代3丁目-下呉服町10丁目（恵比寿橋信号そば）

石堂橋欄干のレリーフ

千代３丁目～中呉服町
（千代３丁目信号そば）

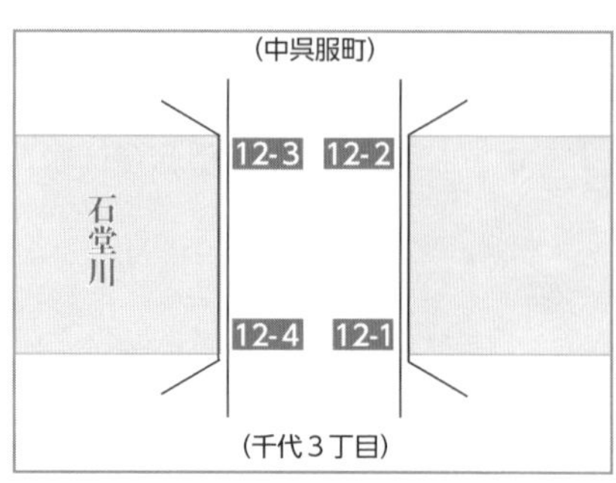

石堂丸

閻魔さま

五大力さん

濡衣塚

西門橋のモニュメント

千代２丁目～上呉服町
（西門橋信号そば）

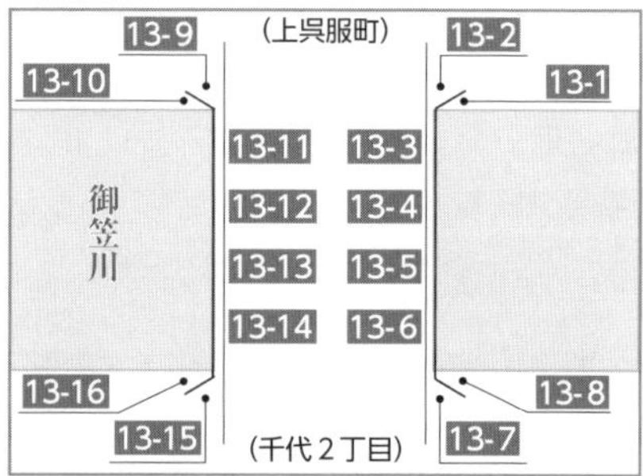

福神

福神流①

福神流②

欄干のレリーフ（福神流）

欄干のレリーフ（恵比寿流）

恵比寿流①

恵比寿神

大黒流①

恵比須流②

大黒天

大黒流②

欄干のレリーフ（大黒流）

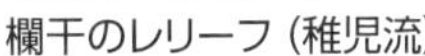
欄干のレリーフ（稚児流）

稚児流①

稚児流②

稚児

博多駅周辺①

▶ JR 博多シティ

福岡市は1889年4月1日市制施行によって日本最初の市の1つとして誕生する。その際、市名を「福岡市」とするのか「博多市」とするのかで議会は議論百出したと聞く。投票するも結果は同数で決着せず。最終的に、議長も1議員の立場で再投票することとなり、ようやく「福岡市」に決定したという経緯がある。九州の玄関口である鉄道駅を「博多」としたのは市名決定の経緯を勘案した賜物だろうか。

博多駅が現在地に移転したのは、1963年12月。1975年3月には、岡山—博多間の山陽新幹線が開業し、東京までの新幹線直通が実現する。さらに、2011年3月12日には、博多—鹿児島中央間の九州新幹線が全線開通する。大々的な祝賀も予定されていたが、開通前日の3月11日に東日本大震災が発生したことから自粛された。

九州新幹線全線開通にあわせて新装された駅ビルが開業し、「JR 博多シテイ」と命名された。9、10階は「くうてん」という飲食店フロアとなり、大いに賑わうこととなった。周辺には「KITTE 博多」などの新しい商業ビルの建設が続くことになる。

JR 博多シティビルの書店が入居するアミュプラザ8階のフロアー北端の男子用トイレ（04）が面白い。男子小用トイレが大博通りに面しており、前面がガラス張りとなっていることから、まさに大博通りに向かって立○○をしている趣があり、痛快なのである。聞くところによれば、この部分の設計者は女性ということもまた面白い。

屋上には、「つばめの杜ひろば」と名付けられた庭園があり鉄道神社が祀られている。参道横に「九州は1つ」を表現した籔内佐斗司作の「縁結び七福童子」(01) や鎌倉時代の博多を描いたとされる「博多古図」をあしらったモニュメント (02) がある。

さらに一段高い展望デッキも併設されており、北は博多湾、東は三郡山系の山々、南の筑紫へ向う町並みと筑紫平野、西は天神方面へ続くビル群と 360 度の大パノラマを楽しむことができる。

▶博多駅前広場

博多駅には博多口、筑紫口 (新幹線側) 2 カ所の広場がある。博多口の博多駅前広場には、鉄路の玄関口に相応しく今にも踊りだしそうな米治一(こめじいち)作の「黒田節」(08)、安永良徳作の「博多節舞姿」(09) が博多を訪れた客を迎えてくれる。

「博多節舞姿」は、創業 85 年を迎える博多人形・博多織の老舗企業松居が、1968 年に明治 100 年を記念して福岡市に寄贈したものである。

また、福岡市制 100 周年を記念して市民の募金によって、20 世紀を代表するイギリスの彫刻家ヘンリー・ムーア作の「着衣の横たわる母と子」(07) が設置された。

JR 博多シティの外柱には籔内佐斗司作の金色に輝くちいさなカエル (06) がいる。往来する人々に気付かれまいと、へばりついている姿は実にユーモラスである。

ユニークなポストが 2 つある。1 つは「エンジェルポスト」(10) と題するハート形のポスト。博多人形師中村信喬(しんきょう)の作で KITTE 博多前に設置されている。

もう 1 つは、「イメージキャラクターポスト」(11) と呼ばれるもので、馬に跨った妖精を描いたハート型のオブジェがポストの上に掲げられている。手紙・品物を安全・確実・敏速にお届けすることで心のコミュニケーションを図るという、郵便事業の基本的な役割を表したとされ、「馬」は安心と信頼、「妖精」は明日の夢を、それらを包む「ハート」は優しさを象徴したものと言われる。ポストはホテル日航福岡の前にあったが、現在は撤去されている。

50年近く博多駅前のシンボル的存在であった西日本シティ銀行本店本館は、福岡市再開発プロジェクトの「博多コネクティッド」の一貫として建て替えが進行中である。

ビル前には、ジョエル・シャピロ作の「WALK」(21)、裏手には菊竹清文(きよゆき)作の「The World」(20) が設置されていたが、建て替え工事中なので、今は撤去されている。ビル完成後には再度設置されるのか、別場所へ移設されるのか確認しておきたい。

筑紫口（新幹線側）には福岡市地下鉄各駅のシンボルマークなどを手がけたグラフィックデザイナー西島伊三雄作で、博多山笠や博多どんたく港まつりなどが描かれた「博多の祭り」(12) と題するモニュメントがあった。こちらも再開発にともない撤去され、現在は見学することはできない。

当地区では、博多駅中央街の博多駅ビル・博多シティの外柱にへばりつく「金のカエル」をはじめ26点を掲載する。

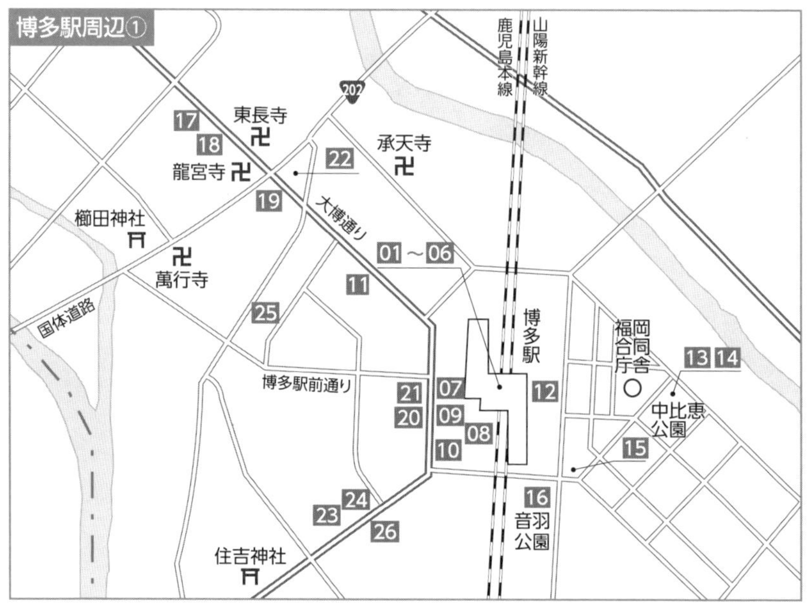

01

「縁結び七福童子」

籔内佐斗司作
博多駅中央街 1-1（つばめの杜ひろば）

02

博多古図のモニュメント

住吉神社の絵馬に描かれた鎌倉時代のころの博多を想像して描いた古図。
博多駅中央街 1-1
（つばめの杜ひろば）

03

「KAZE~KEKKO」

髙田洋一作
博多駅中央街 1-1（つばめの杜ひろば）
写真提供：髙田洋一彫刻研究所

04

JR 博多シティ8 階男子トイレ

男子トイレ（小便器）前は全面ガラス張り。大博通りに向かって立○○の雰囲気。
博多駅中央街 1-1（JR 博多シティ8 階）

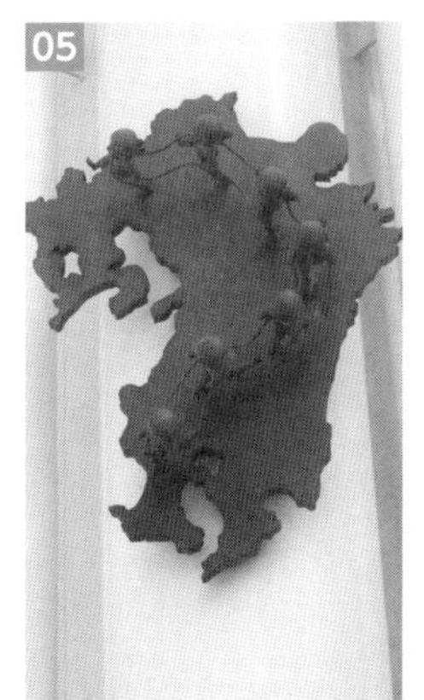

05

「縁結び七福童子」

（縦バージョン）

博多駅中央街 1-1
（博多駅前広場 JR 博多シティ外柱）

「金のカエル」

籔内佐斗司作
博多駅中央街 1-1
(博多駅前広場 JR
博多シティ外柱)

「着衣の横たわる母と子」

ヘンリー・ムーア作。福岡市政 100 周年記念として設置。
博多駅中央街 1-1 (博多駅前広場)

「黒田節」

米治一作
博多駅中央街 1-1
(博多駅前広場)

「博多節舞姿」

安永良徳作
博多駅中央街 1-1
(博多駅前広場)

「エンジェルポスト」

中村信喬作
博多駅中央街 9-1 (博多駅前広場 KITTE 博多前)

*現在は撤去され見学不可

郵便イメージキャラクターポスト

ハートの中に馬と妖精をあしらったもの。
博多駅前 2-18-25
(ホテル日航福岡前)

12

＊現在は撤去され見学不可

「博多の祭り」

西島伊三雄作。博多祇園山笠の絵が描かれている。

■福岡市内の主な祭り

・博多どんたく港まつり（5月2日～3日）
・博多山笠（7月1日～15日）
・放生会（9月12日～18日）
・十日恵比須まつり（1月8日～11日）

博多駅東 1-5（筑紫口広場）

13

「Hello and Good by」

鎌田恵務作

博多駅東 2-12（中比恵公園）

14

「明日を創る人」

原田新八郎作。1975年の福岡大博覧会のときに設置されたモニュメントの1つ。

博多東 2-12（中比恵公園）

15

「光の柱」

望月菊磨作

博多東 2-5-28（博多偕成ビル）

16

音羽公園モニュメント（時計と鎌）

博多駅南 1-1（音羽公園）

17

獅子のモニュメント

博多区冷泉町 5-32（オーシャン博多ビル）

18

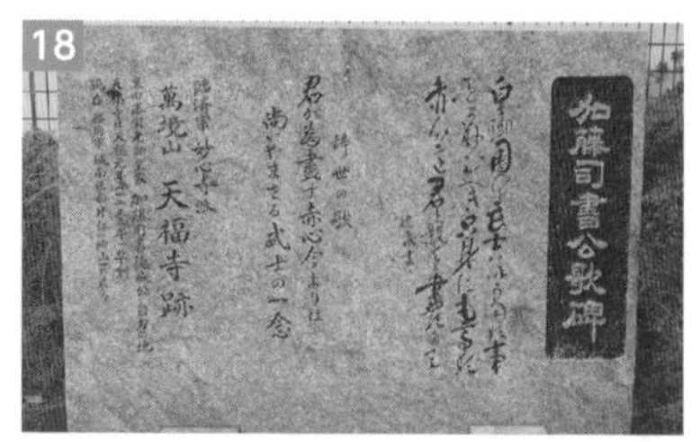

加藤司書公歌碑

加藤司書（1830～65）。

「皇御国の武士はいかなる事をか勤むべき只身にもてる赤心を君と親とに盡すまで」

■辞世の句

「君が為盡す赤心今よりは尚いやまさる武士の一念」

博多区冷泉町 5-35

（福岡祇園第一生命ビルディング）

19

地下鉄祇園駅のエレベーター入口

屋根が飾りを乗せる「山笠台」の形をしている。

祇園町 1-30

（地下鉄祇園駅）

20

＊現在は撤去され見学不可

「The World」

菊竹清文作

博多駅前 3-1-1（西日本シティ銀行本店裏手）

21

＊現在は撤去され見学不可

「WALK」

ジョエル・シャピロ作

博多駅前 3-1-1（西日本シティ銀行本店正面）

〈福岡市の友好姉妹都市締結４都市〉

Oakland （アメリカ合衆国）	広州 （中華人民共和国）
Bordeaux （フランス）	Auckland （ニュージーランド）

絆の車止め

福岡市が姉妹都市協定を締結する４市、オークランド（アメリカ）、オークランド（ニュージランド）、ボルドー（フランス）、広州市（中国）の市章が１本の綱でしっかりと結ばれている。西公園には「桜」「人面」の車止めがある。

博多駅前２丁目から（大博通り沿い）

「走る童子」

籔内佐斗司作

博多駅前 3-3-3
（ANA クラウンプラザホテル福岡前）

「博多祇園追山笠」

西頭哲三郎作

博多駅前 3-3-3
（ANA クラウンプラザホテル福岡１階ロビー）

「時空　No.3」

多田美波作

博多駅前 2-5-17（損保ジャパン福岡ビル横）

「MOH DON」

流政之作

博多駅前 4-2-25（代々木ゼミナール福岡校前）

06

Hakataku Area

博多駅周辺②

▶大博通り

博多駅を背にして海へと向むかう約2km大博通り。その歩道上には市制100周年を記念して「漢委奴国王」の金印（01）・三角縁神獣鏡（03）・船の碇石（12）など、弥生時代から近代までの特色ある文化財のレプリカや写真21点（3点は案内板）が展示され、博多の歴史の一端を知ることができる散策路として整備されている。

大博通り周辺には、福岡を代表する寺院も多い。福岡藩主黒田家の菩提寺の東長寺、博多祇園山笠ゆかりの承天寺、栄西が南宋からの帰国後、日本最初の本格的な禅寺として建てた聖福寺、大晦日に多くの人が参拝する厄除けで有名な若八幡宮などがある。

毎年、これらの旧博多市街に点在する寺院や神社の建物や庭園をライトアップする「博多市街ライトアップウォーク　千年の煌夜」というイベントが開催されている。歴史的景観と現代の照明技術を融合させて日中とは雰囲気の異なる幻想的な雰囲気を楽しめる。

▶御供所町

戦国時代、度重なる戦乱に巻き込まれ、廃墟と化しつつあった博多の町を豊臣秀吉が復興させた。そのとき生まれた瓦礫を壁に塗り込んで築造する「博多塀」を聖福寺、楽水園、妙楽寺、櫛田神社などで見ることができる。妙楽寺の博多塀（33）はかなり古いとのことだが、年代は不明だった。

織田信長、豊臣秀吉が築造に関わった塀に、名古屋熱田神宮の「信長塀」や京都三十三間堂の「太閤塀」がある。熱田神宮の「信長塀」は織田信長が桶狭間戦いの出陣の際、熱田神宮に必勝祈願し、大勝したお礼に築塀したもので、土と石灰を油で固めた瓦を厚く積み重ねて築造されていると資料にある。

京都三十三間堂南門の太閤塀は漆喰の5本の線が特徴で、やはり瓦が使用されているように見受けられる。両者とも実際に見てないので踏み込んだ記述は避けたい。豊臣秀吉が博多塀築造にあたって、戦災で破損した瓦などを再利用したのは、信長塀を模したものであろうか。

承天寺には「饂飩蕎麦発祥之地」碑（㉘）、「御饅頭所」碑（㉙）があり、妙楽寺には「ういろう伝来之地」碑（㉜）がある。

まず、承天寺の「饂飩蕎麦発祥之地」碑と「御饅頭所」碑について。円爾（聖一国師）が1241年、中国・宋から帰国の際に製粉技術を持ち帰り、饂飩・蕎麦・饅頭などの粉食文化を全国に広めたとされる。親切にしてくれた茶店の主人にもこれらの製法を伝え、また羊羹のつくり方も教えたという。さらに、禅の布教に出向いた先の茶店の主人に歓待を受けたお礼に饅頭の製法を教えて「御饅頭所」の看板までも書き与えたとされる。

妙楽寺の「ういろう伝来之地」碑について。この「ういろう」は名古屋銘菓の外郎（ういろう）ではなく薬の名前である。元の時代、「礼部員外郎（らいぶいんういろう）」という名の官職があり、この「外郎」が「ういろう」の由来である。元が滅亡して明朝が興ると、礼部員外郎であった陳延佑が日本に亡命してきて妙楽寺に住み込み、陳外郎延佑と名乗った。延佑の長男宗奇は明国の薬である「霊宝丹」を伝えた。この薬は効能が顕著であるとして時の天皇から「透頂香」の名を賜り、後に外郎家の薬として「薬の外郎」と呼ばれるようになった。しかし、この薬が大層苦かったため口直しに米粉でつくったお菓子を添えたという。転じてこの口直しのお菓子が現在の「ういろう」になったとされる説がある。

▶儒学者高場乱と人参畑塾

博多駅から住吉神社へ向う住吉通りに「人参畑塾趾」（⑳）と刻まれた

少し変わった碑がある。人参畑塾とは、日本の近代史の中で大きな影響を及ぼした偉大な女性教育者である高場乱（たかばおさむ）（1831〜91）の私塾で、正式名称は興志塾という。福岡藩の薬用人参畑の跡地に開設されたことから人参畑塾と呼ばれるようになった。

高場乱は、福岡藩医・眼科医の高場正山の末子として生まれる。子供が女の子ばかりだったため、乱は男の子として育てられる。9歳で苗字帯刀を許可され、10歳のときに男として元服が受理されている。乱も現役の眼科医として働きながら亀井昭陽のもとで儒学を学ぶ。広瀬淡窓や箱田六輔とは同門であったとのこと。

人参畑塾で多くの塾生を指導した乱から影響を受けた人物は300人を超えると言われ、頭山満、中野正剛、広田弘毅など多士済々であった。墓所は崇福寺にあり、墓碑銘「高場先生之墓」は勝海舟が揮毫したものである。高場乱生誕190年を期に地元経済界有志らがクラウドファンディングなどで集めた資金で、牛に乗った高さ約4.5mの銅像（作者は博多人形師中村信喬）が隣接する玄洋社管理の墓地内に建立され、2023年3月31日除幕式ならびに記念式典が執り行われた。

当地区では、「大博通り歴史の散歩道」に設置された「金印のレプリカ」をはじめ、承天寺の「饂飩蕎麦発祥之地碑」など35点を掲載する。

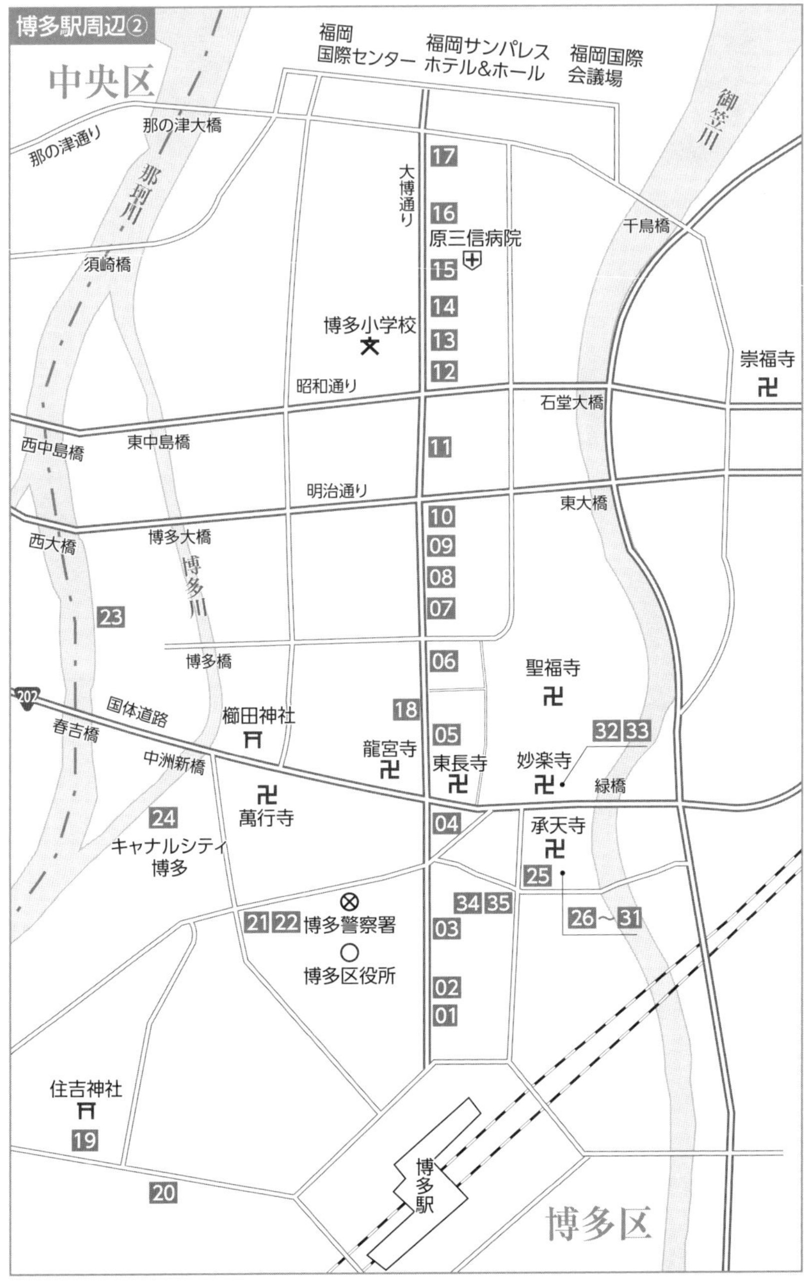
博多駅周辺②
中央区
福岡
国際センター
福岡サンパレス
ホテル&ホール
福岡国際
会議場
御笠川
那の津通り
那の津大橋
那珂川
大博通り
17
16
原三信病院
15
14
博多小学校
13
12
千鳥橋
崇福寺
須崎橋
昭和通り
石堂大橋
西中島橋
東中島橋
11
明治通り
東大橋
10
09
08
07
西大橋
博多大橋
博多川
23
博多橋
06
聖福寺
202
国体道路
春吉橋
櫛田神社
18
32
33
05
龍宮寺
東長寺
妙楽寺
中洲新橋
緑橋
萬行寺
24
04
承天寺
キャナルシティ
博多
25
34
35
26～31
21
22
博多警察署
03
博多区役所
02
01
住吉神社
19
20
博多駅
博多区

国際交流都市ふくおか

江戸時代、東区志賀島で発見された金印のレプリカ。「漢委奴国王」の文字から、漢の皇帝から委奴国王に与えられたものと考えられている。

博多駅前 1-1
(紙与博多ビル前)

奴国の時代（紀元前 3～西暦 3 世紀）

左上から時計回りに、壺形土器、青銅器、水田と足跡、木製農具。

博多駅前 1-3（博多駅1丁目バス停前）

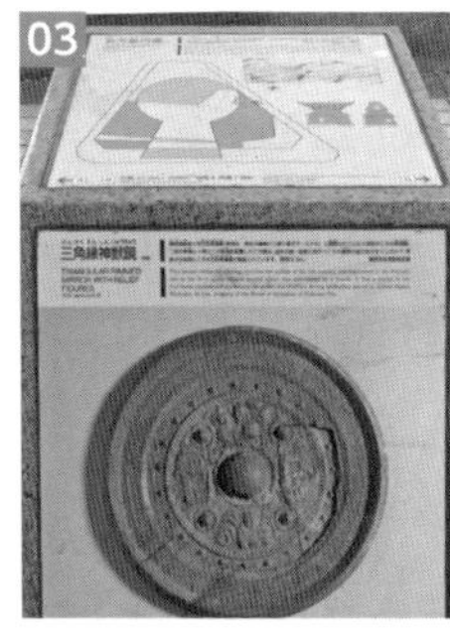

古墳の時代
（西暦4～西暦7世紀）

上：前方後円墳
側面①：三角縁神獣鏡
側面②：須恵器と埴輪。

博多駅前 1-4
(東京建物博多ビル前)

鴻臚館の時代（紀元前 7～西暦 11 世紀）

左から新羅土器、青磁花文碗、ガラス器とイスラム陶器、越州窯水注、白釉緑彩水注。

御供所町 1（祇園町バス停横）

貿易陶磁①

緑釉掻落し唐草文梅瓶。中国との貿易を象徴する陶磁器の１つ。

御供所町 2
(東長寺前)

中世の町並み

聖福寺古絵図。聖福寺は栄西が開基した臨済宗妙心寺派の寺院。

御供所町 2-1（大博ビジネスセンタービル前）

国際都市はかた

左から、白磁水注、火事にあった陶磁器、白磁の山、黄釉鉄絵盤、中世の幹線道路。

御供所町 4（地下鉄祇園駅から徒歩 3 分）

貿易陶磁②

犬と騎馬人像。

上呉服町 1（北九州銀行福岡支店前）

いにしえの博多

博多古図。江戸時代、住吉神社に奉納された絵馬で古い博多の地形を想像して描いたもの。

上呉服町 1（的野ビル前）

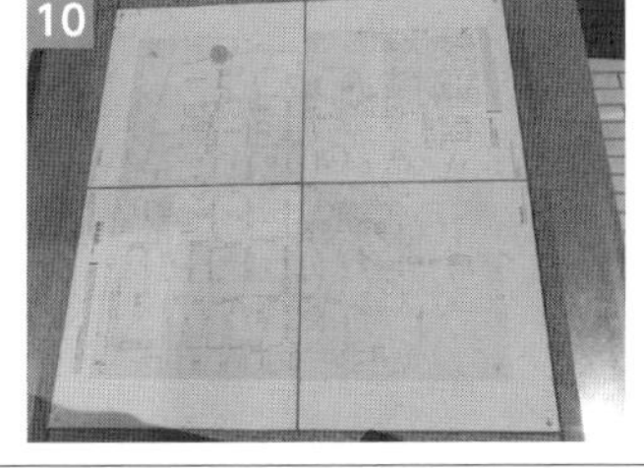

博多祇園山笠

文政 6（1823）年の年号がある博多古図。山笠の順路が朱書きされている。

上呉服町 10-1（博多三井ビル前）

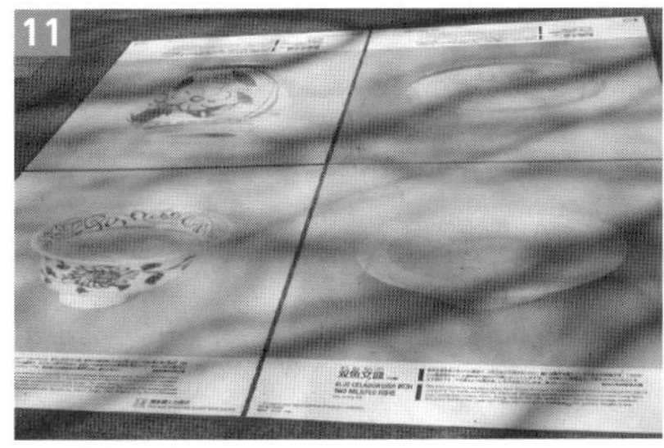

博多商人の時代

①粉青沙器②元青花碗③鉄絵花文壺④双魚文皿。

中呉服町 2（蔵本〈大博通り〉E バス停前）

船の碇石

下呉服町 1（蔵本交差点）

浜辺の工人

聖福寺古図。1563（元禄 6）年以前に描かれたもの。中世の浜辺の様子をよく示す。

下呉服町 1（日本食品分析センター前）

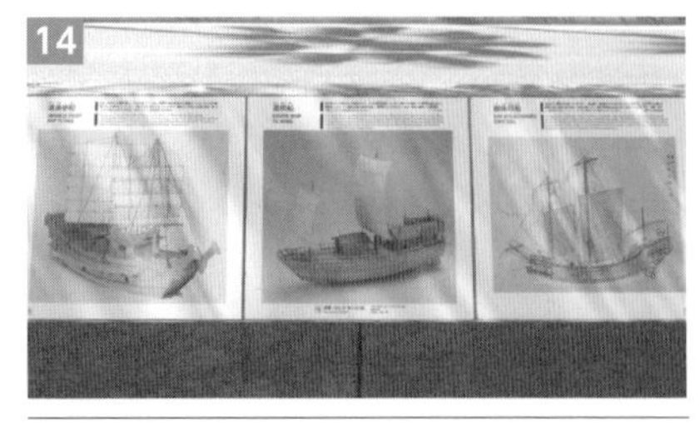

波濤をこえた船

左から遣唐使船、遣明船、御朱印船。

下呉服町 2（朝銀西信用組合福岡支店前）

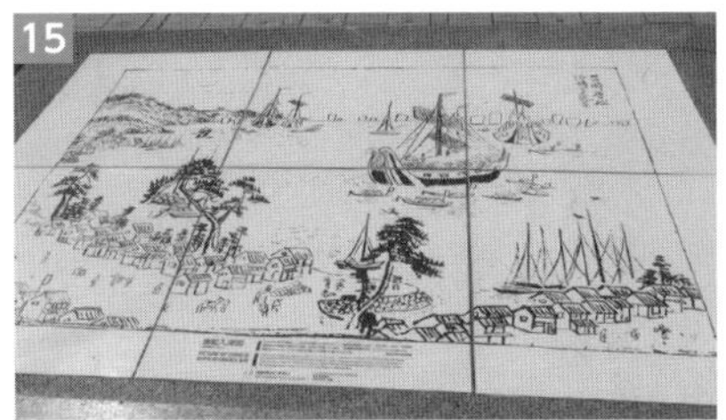

博多湾のにぎわい

唐船入津図。奥村玉蘭が描いた『筑前名所図会』の一部。

大博町 1（原三信病院前）

近代都市へ

「福岡博多之真景」（一得斎高清）。「明治 20（1887）年 7 月」とあり、近代化へ向かう福岡・博多の市街地の様子がわかる。

大博町 2-1（博多大博ビル前）

博多祇園山笠流れ図

博多祇園山笠（7 月 1～7 月 15 日）舁き山運行順路図。

店屋町 8（博多フコク生命ビル前）

おポンプ様

「二聯ケーボー號津田式」ポンプ。第 2 次世界大戦から 1953 年ごろまで愛用されたポンプ。この 2 連式は非常に珍しい。

店屋町 1（博多三井ビルディング前）

19

「古代力士像」

中村信喬・中村弘峰作
住吉 3-1-51（住吉神社）

20

人参畑塾趾

高場乱が開いた私塾跡。福岡藩の薬草畑跡にあったことから人参畑塾と呼ばれた。
博多駅前 4-4-21
（マツモトキヨシ前）

21

＊現在は撤去され見学不可

22

「Poet of Asia〈アジアの詩人〉」（21）「Little Peinter-1」（22）

鎌田恵務作。藤田公園内にあるモニュメント。
博多駅前 2-8（藤田公園）

23

「微風」

高倉準一作
中洲 4-1
（清流公園）

24

「Fuku/Luck,Fuku=Luck,Matrix」

ナムジュン・パイク作
住吉 1-2（キャナルシティ博多）

25

博多千年門

承天寺と道路を一体化させ沿道施設と調和させるシンボルとして「博多千年の門」が2014年3月完成。大宰府へ通じる官道の門。

博多駅前 1-1-7(水道局入口交差点そば)

26

山笠發祥之地

博多駅前 1-29-9 (承天寺)

27

蒙古碇石

元寇（文永・弘安の役）の際、元の船の錨として積み込まれていたという。沈没した元の軍船の遺構。

博多駅前 1-29-9 (承天寺)

28

饂飩蕎麦発祥之地

円爾（聖一国師）が中国から製粉技術・粉食文化を持ち帰り、全国に広めた。

博多駅前 1-29-9 (承天寺)

29

御饅頭所

博多駅前 1-29-9 (承天寺)

30

舊就義隊之碑

博多駅前 1-29-9
(承天寺)

31

満田彌三右衛門之碑

円爾とともに中国に渡り、織物技術を持ち帰り、博多織の基礎となる。

博多駅前 1-29-9
(承天寺)

32

ういろう伝来之地

気付け・胃腸薬「透頂香」を「ういろう」という名で販売したという。

御供所町 13-6
(妙楽寺)

33

妙楽寺の博多塀

「博多塀」とは、瓦礫を塗り込めて作った壁。年代は不明だが、妙楽寺の博多塀は相当古いという。

御供所町 13-6 (妙楽寺)

34

九州鉄道発祥の地

鉄道車輪のモニュメント。出来町公園は旧博多駅構内であったところを公園として整備したもの。

博多駅前 1-10 (出来町公園)

35

石刻円柱モニュメント

博多駅 寝吾庭者不顧 深山幽谷

師村妙石作

博多駅前 1-10
(出来町公園)

福岡空港・東平尾公園周辺

▶福岡空港

福岡空港は国管理の第２種空港だが民営化方針のもと、今は福岡国際空港株式会社が管理を行っている。2800ｍの滑走路１本だけだが、発着回数では羽田・成田・関西空港に次ぎ第４位、滑走路１本あたりに換算すると第１位となり、日本で最も過密な空港である。現在２本目の滑走路建設中である。

市街地の天神まで地下鉄で約11分、博多駅まで約5分と至近距離にある空港として利便性が高い反面、騒音の問題があり発着時間に制限がかけられている。

着陸機が空港北側から進入するコースをとる場合、飛行機の真下に位置する榎田中央公園の一角に来訪者を歓迎するように毛利陽出春作の「空の門」（17）と題するモニュメントが空に向って大きく、高く伸びている。

市営地下鉄福岡空港駅を降り、国際線ターミナルへ向うシャトルバス乗り場改札口には望月菊磨作の「輝 樹（喚起装置）」（09）がある。

国際線ターミナル１階ホールには、博多祇園山笠の飾り山とともに第99回ライオンズクラブ国際大会記念モニュメントとして制作された博多人形師中村信喬作の「希望の獅子」（11）が壁面を飾っている。

２階ホールに上がると、海外からの来訪者を歓迎するように観光協会が設置する博多人形（12、16）があり、さらに日中友好を願う一福岡市民から寄贈されたという「関羽像」（13）がある。関羽は中国三国時代に勇猛果敢に活躍した武将で、武と商に秀でており、皇帝でも王でもないにもかかわらず「関帝」と称されて今なお多くの人に親しまれている。

その向かいには、大西洋無着陸飛行に成功したリンドバーグが妻とともに名島水上飛行場に着水した際の機体であるロッキード・シリウス機の1/40模型（14）が展示されている。この機体はもともとは陸上機であったが、訪日飛行のためにフロートを取りつけて水上機に改造したと説明書きにある。東区名島海岸通り歩道上にも福岡市民の歓迎する様子がパネル写真で展示されている（20頁参照）。いずれも2022年よりはじまった福岡空港国際線ターミナル増改築計画によって撤去され、現在は見学することができない。

▶東平尾公園

空港東側に位置する東平尾公園は、1990年福岡県で2回目となる第45回国民体育大会（とびうめ国体）にあわせて建設・整備された運動公園である。公園の愛称は公募の結果、「博多の森」に決定。さらに、1995年ユニバーシアード大会の開催に合わせてテニス場が増設された。

東平尾公園内には多くの彫刻などが設置されている。県立スポーツ科学情報センター・アクシオン福岡には池松一隆作の「遥」（06）、県立プール前には小串英次郎作の「翔 鶴」（07）、陸上競技場には望月菊磨作の「輝・翔」（08）、ベスト電器スタジアムにはフェデリカ・マッタ作「PIM PAM POON」（05）、このほか作者不詳だが「より高く」（01）、「ケリリエン」（02）、「金メダルモニュメント」（03）、などがある。

なお、球技場は家電量販店ベスト電器が命名権を取得して、2020年から「ベスト電器スタジアム」となり、プロサッカーチームアビスパ福岡のホームとして使用されている。

ちなみに、福岡で最初に開催された国民体育大会は戦後間もない1948年の第3回大会であり、その会場として建設されたのが平和台総合運動場である。

大会後に一部野球場に改装されて平和台球場となり、長らくプロ野球西鉄ライオンズのホーム球場として活用された。その後、新しくドーム球場が建設されたことなどから平和台球場は解体されることとなり、現在、球場跡地は鴻臚館広場として活用されている。明治通りには平和台野球場のレリーフのモニュメントが設置されており、建設の経緯などが掲示されている（116 頁参照）。

当地区では、県立スポーツ科学情報センター「アクシオン福岡」前に設置されている池松一隆作「遥」をはじめ 17 点を掲載する。

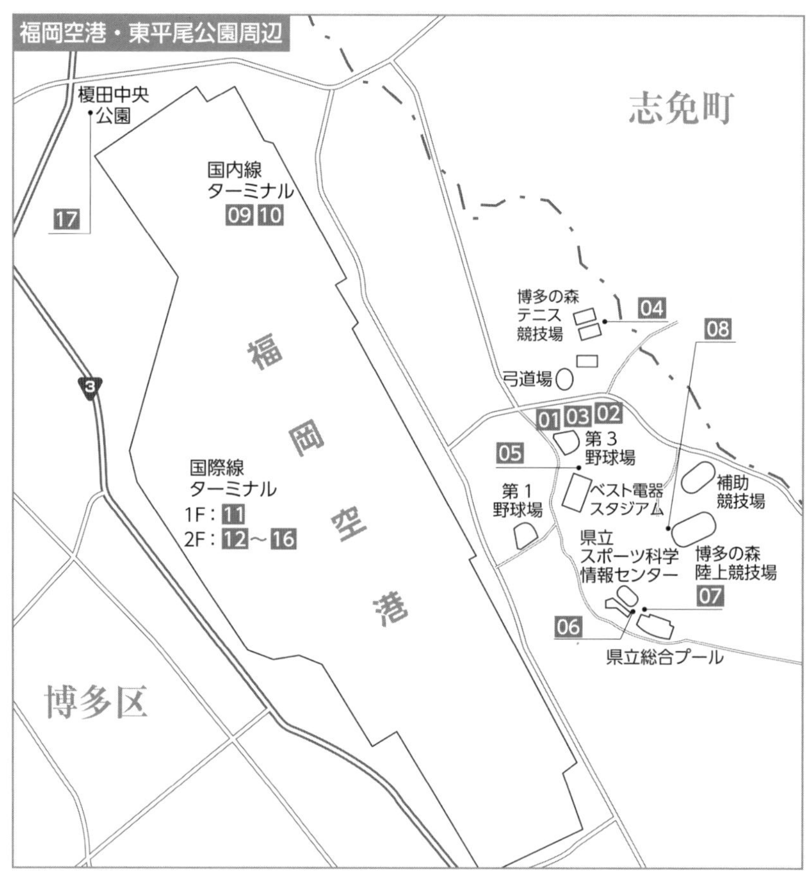

01

「より高く」

作者不詳
東平尾公園
(東平尾公園信号そば)

02

ケリリエン

ケリリエンとは、東マレーシアカヤン族が彼らの部族長をまつり、部族の安全を祈って建てるもの
東平尾公園
(テニス競技場センターコート横、押しボタン信号そば)

03

金メダルモニュメント

金メダルモニュメントを囲むように金メダリストの手形が配置されている
東平尾公園 (ユニバーシアード記念平和の杜)

04

クラブハウス前モニュメント

東平尾公園
(テニス競技場クラブハウス前)

05

「PIM PAM POOM」

フェデリカ・マッタ作
東平尾公園
(ベスト電器スタジアム)

「遥」

池松一隆作
東平尾公園（福岡県立スポーツ科学情報センター「アクシオン福岡」前）

「翔 鶴」

小串英次郎作
東平尾公園
（県営総合プール）

「輝・翔」

望月菊磨作
東平尾公園（博多の森陸上競技場）

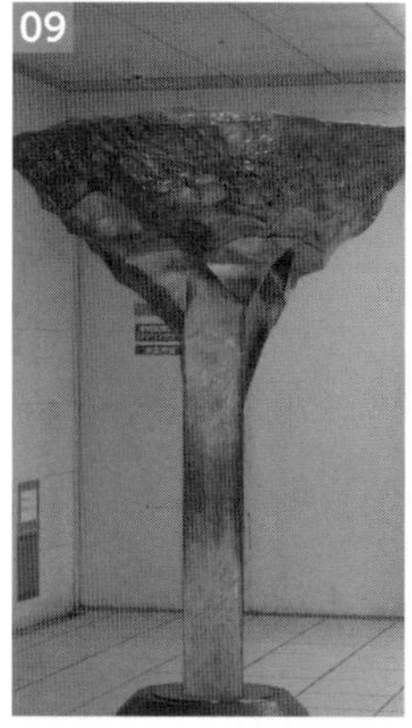

「輝 樹」

望月菊磨作
下臼井 778-1
（地下鉄福岡空港駅国際線連絡バス改札口）

「Queen」

永野繁大作
下臼井 778-1
（地下鉄福岡空港駅国際線連絡バス改札口）

11
＊現在は撤去され見学不可

「希望の獅子」

中村信喬作。第99回ライオンズクラブ国際大会記念モニュメント。
青木739（福岡空港国際線ターミナル1階）

12
＊現在は撤去され見学不可

「達磨」

原田嘉平作
青木739（福岡空港国際線ターミナル2階）

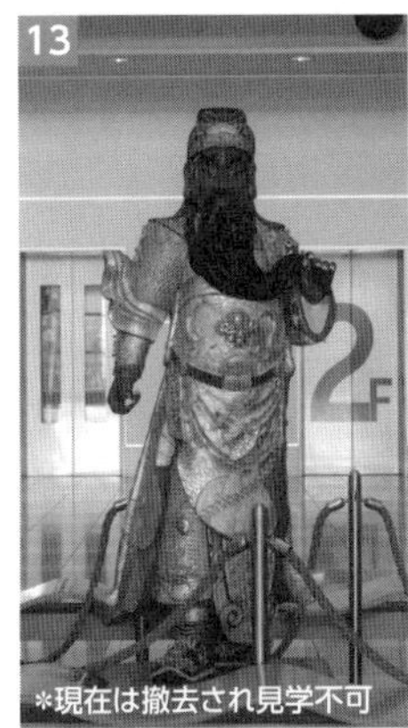
13
＊現在は撤去され見学不可

14
＊現在は撤去され見学不可

15
＊現在は撤去され見学不可

関羽像とロッキード・シリウス号

関羽（不詳～220、13）は中国三国時代の武将。ロッキード・シリウス号（14）はリンドバーグが東区の名島水上飛行場に飛来した際の機体のレプリカ。15は3階から撮影。
青木739（福岡空港国際線ターミナル2階）

16
＊現在は撤去され見学不可

「天宇受売姫」

川崎幸子作
青木739
（福岡空港国際線ターミナル2階）

17

「空の門」

毛利陽出春作
堅粕48
（榎田中央公園）

築港・呉服町周辺

▶築港・沖浜町

アジアへの玄関口である博多の歴史は古く、金印をはじめ多くの文物が港から入ってきた。

7世紀後半には大宰府政庁の迎賓館の役割を担った鴻臚館も設置されており、現在の中国や韓国など海外からの人の交流も盛んに行われていた。遣隋使や遣唐使の船出もこの博多の港からであった。

平清盛の博多進出に伴い、日宋貿易の推進など港を中心に交流が活発化する。仏教文化、饂飩（うどん）・蕎麦（そば）などの食文化、博多織の製法技術など多くの文化・技術が流入してきている。

太平洋戦争終戦直後には、博多港は引揚援護港の指定を受けて中国東北部や朝鮮半島からの一般邦人・旧軍人など約139万人のふるさとの地日本への帰還を引き受けた。そのことを記念する豊福知徳作「那の津往還」（01）と博多港引揚記念碑（02）がマリンメッセ福岡の西側に設置されている。

また、マリンメッセ近くには日系2世のアメリカ人フランク・オガワ（1917～94）の胸像（06）がある。政治家・軍人でもないアメリカの民間人の胸像は珍しいのではなかろうか。説明書きをみると「家業の造園業を営むかたわら生涯にわたってアメリカと日本、特にオークランド市と福岡市の友好親善に尽した功労者」とある。続けて、「1962（昭和37）年10月13日に締結した両市の姉妹都市交流には、当初から大きな推進力を発揮し、生涯にわたって力の限りを傾注され、青年交流事業等に顕著な成果を遺された。1988年3月31日博多港とオークランド港の間で結ばれた貿易協力港関係も、港湾委員であったオガワ氏の尽力の賜である。

こうした国際親善への貢献に鑑み、1969（昭和44）年と1989（平成1）年には福岡市政功労者賞、1990（平成2）年には日本政府より勲三等瑞寶章が授与された。

オガワ氏の功績を讃え、その偉業を次代に伝えていくために、オークランド市民有志の手によって1998（平成10）年胸像二体が製作され、一体はオークランド市庁舎のプラザに設置され、もう一体が福岡市に寄贈された」とある。

▶呉服町周辺

当地域を見ると1ブロック毎に町名が変わり、「上呉服町」「中呉服町」「下呉服町」「店屋町」など、その多くは商業に関りがありそうな名称であることに気づく。周辺を歩きまわってみると、神屋宗湛（そうたん）屋敷跡（11）や島井宗室（そうしつ）屋敷跡（15）といった碑が目につく。宗湛・宗室は、大賀宗（そう）九（きゅう）とともに「博多三傑」と呼ばれた豪商で、彼らがこの地で活躍し、屋敷を構えていたことがわかる。

神屋宗湛は戦国から江戸時代にかけて活躍した商人・茶人であり、同じ博多商人の島井宗室とともに上洛して安土城で織田信長に謁見し、その保護を得ることで豪商としての地位を確実なものとした。

驚くことに本能寺の変勃発時、宗湛・宗室両名は信長に謁見したあとそのまま本能寺に宿泊しており、本能寺の変に巻き込まれている。2人は燃えさかる寺から脱出し、その際、宗湛は信長が愛蔵する牧谿（もっけい）の「遠（えん）浦帰帆図（ぽきはんず）」を、宗室は空海直筆の「千字文（せんじもん）」を持ち出したという。「遠浦帰帆図」は京都国立博物館に、「千字文」は博多の東長寺におさめられている。

信長や豊臣秀吉に気に入られた宗湛ら博多の商人たちは、特権を与えられて栄華を極めていった。彼らは、豊臣秀吉が行った「太閤町割り」と呼ばれる博多復興事業においても大きな役割を果たしたといわれる。

中呉服町の正定寺には「八丁へ」と刻まれた一風変わった墓碑（12）がある。この墓碑は、魚問屋西濱屋の主人西頭（にしとう）徳蔵の墓碑である。徳蔵の屋敷の塀の長さが八丁もあったことから、自らを「八丁兵衛」と名乗っていたという。盟友でもあった聖福寺の住職仙厓（せんがい）和尚が「お前には『八丁兵衛』はもったいない『八丁へ（屁）』が丁度良い！」といったとか。そこで、徳蔵も大変気に入り、仙厓和尚に「八丁へ」と書いてもらい、それを彫り込んだ墓石を製作し、当時としては珍しい生前葬を盛大に開いたという。西濱屋は「博多あごだし」などの水産加工食品の販売を行う会社として今なお営業中である。

また、古渓水（こけいすい）（09）という文字だけでは想像がつかない史跡がある。京都大徳寺の蒲庵（ほあん）古渓という僧が1588年に豊臣秀吉の怒りにふれて博多へ追われることになったとき、博多の商人神屋宗湛や島井宗室らが古渓のために住居を建て「大同庵」（10）と名付けた。古渓は大同庵で茶会を開いて過ごしたという。3年後許されて京都へ帰ることになるのだが、その際、古渓はこれまでのお礼として、大同庵に井戸を掘った。この井戸を「古渓水」といい、火難・厄除けに珍重されたと伝わっている。

知れば知るほどこの地にはもっと深い、いい話や商人にまつわる話がありそうだ。

当地区では、「八丁へ」をはじめ18点を掲載する。

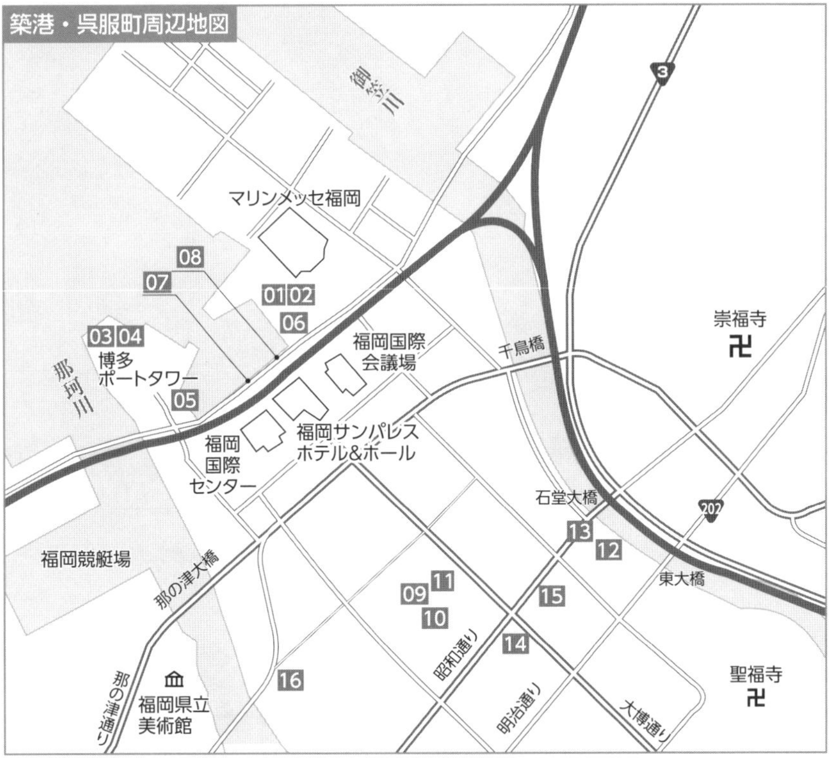

築港・呉服町周辺地図

御笠川
マリンメッセ福岡
08
07
01 02
06
03 04
博多ポートタワー
05
那珂川
福岡国際会議場
千鳥橋
崇福寺 卍
福岡サンパレスホテル&ホール
福岡国際センター
石堂大橋
13
12
福岡競艇場
那の津大橋
11
09
10
15
東大橋
14
昭和通り
16
那の津通り
福岡県立美術館
明治通り
大博通り
聖福寺 卍
3
202

01

02

博多港引揚記念碑「那の津往還」

豊福知徳作。02はモニュメント下に設置された碑。
沖浜町 7（マリンメッセ福岡 A 館西側）

03

奉献の馬像

築港本町 13-217（櫛田神社浜宮内）

05

アシカ像

J. Dolan 作
築港本町 13-6（ベイサイドプレイス博多）

06

フランク・オガワ胸像

フランク・オガワ（1917～94）。日系２世アメリカ人。友好親善に尽力。特に福岡市－オークランド市との友好親善に努力。
沖浜町１（ぴあトピア緑地）

04

博多港開港六十周年記念塔

築港本町 13（サンセットパーク）

07

方位を示すモニュメント

沖浜町１（ぴあトピア緑地）

08

博多港発祥之地

沖浜町１（ぴあトピア緑地）

09

古渓水

左から古渓水全景、博多近隣古図、古渓和尚の像と「奈良屋小学校」の碑。京から追われて博多に来た蒲庵古渓は博多の豪商らによって建てられた大同庵で過ごす。古渓が京都へ戻る際、お礼に掘った井戸水で火難除けに珍重されたという。

奈良屋町 4-23

10

大同庵跡

古渓和尚住居跡。蒲庵古渓（1532～1597）は安土桃山時代の臨済宗の僧。

奈良屋町 4-23

11

神屋宗湛屋敷跡

神屋宗湛（1551～1635）は戦国時代から江戸時代前期の博多商人・茶人。島井宗室・大賀宗久とともに「博多の三傑」といわれた豪商。

奈良屋町 1-17（豊国神社）

12

八丁へ

魚問屋西頭徳蔵の墓碑。仙厓和尚の直筆。

中呉服町 10-1（正定寺）

13

山笠のレリーフ

福岡都市高速道路呉服町出入口から香椎線に入る橋脚。

中呉服町・下呉服町（昭和通り）

14

＊現在は撤去され見学不可

旧十八銀行レリーフ

綱場町 8-27
（蔵本交差点）

15

島井宗室屋敷跡

島井宗室（1539〜1615）は戦国時代から江戸時代前期の博多商人・茶人。神屋宗湛、大賀宗久とともに「博多の三傑」といわれた豪商。

中呉服町 5
（昭和通り沿い）

16

旧洲崎橋親柱

対馬小路 13（須崎緑地内）

博多リバレイン 櫛田神社周辺

▶博多リバレイン

福岡市内における最大の繁華街中洲を含む地域である。

1945年6月19日、九州の行政・経済の中心である福岡市は米軍による反復攻撃を受けて市の主要地域は焦土と化した。福岡空襲である。工場・港湾・鉄道などが攻撃目標とされ、200機以上のB29が2時間以上に渡って爆撃を行ったとされている。

川端にあった旧十五銀行福岡支店地下室が避難所とされており多くの近隣住民が避難したが、まわりが焼夷弾の直撃を受けて焼き尽くされたことから、熱やガスによって避難した多くの人が亡くなったという。

『福岡の歴史――市制90周年記念』(福岡市総局編)によれば、被災戸数1万2693戸・被災者6万599人・死者902人・負傷者1078人・行方不明者244にものぼった。西部軍関係施設・官庁・学校・会社・工場・商店街から一般民家にいたるまで多数の建物が被弾炎上し、交通・通信・電気・ガス・水道など公共施設も甚大な被害を受けて都市機能は壊滅的な状態に陥った、との記載がある。西日本シティ銀行博多支店において毎年6月に亡くなった人々の慰霊祭を執り行っている。さらに、冷泉公園内には戦災死没者慰霊塔(戦災記念碑、27)建立されている。

戦後復興を遂げて、多くの人で賑わう博多リバレイン・中洲・川端商店街のほか、櫛田神社をスタートとする博多祇園山笠などの祭りも盛んで活気のある街となっている。

博多リバレインは、博多リバレインモールや福岡アジア美術館が入居するリバレインセンタービル、博多座・西日本シティ銀行が入居する博多座・西銀ビル、ホテルオークラが入居するホテルオークラ福岡ビルの

3棟からなり、1999年2月竣工した。当初、センタービルのアトリウムに彫塑が設置されていたが、子供向けのテーマパーク「福岡アンパンマンこどもミュージアム in モール」へ改装された際に撤去されている。現在センタービルの明治通り側には、アンパンマンミュージアムへの入場を呼びかけるようにアンパンマン像（08）が設置されたほか、ビルの壁面や床面にいまだ多くの彫塑が施されており、ゆっくり楽しむことができる。

ホテルオークラ福岡の西側壁面には、中国出身の方振寧作「東方の星」（01）、東側には吉水浩作「瑞雲」（06）が設置されており、博多座東側壁面にはスダンシャン・シェッテイ作「Home and Away」（07）、床面を見ると江上計太作「Riverside boogie-woogie」（05）などがある。

明治通り沿いには、豊福知徳作の「那の津幻想」（09）が、博多座バス停前からリバレイン前に再設置された。

オッペケペー節で一世を風靡した川上音二郎（1864〜1911）の像（11）が福岡銀行博多支店横に設置されており、博多区古門戸町沖濱稲荷神社境内には川上音二郎誕生碑（32）がある。

博多リバレイン前から伸びる川端通商店街アーケードには、「のぼせもん」「なおす」「いぼる」など福岡市出身の漫画家の長谷川法世の絵による博多弁を面白く紹介する垂れ幕（29）が吊るされている。

▶櫛田神社周辺

櫛田神社は博多の総鎮守とされ、地元では「お櫛田さん」の愛称で呼ばれることが多い。7月に山笠、10月におくんちなどの神事が行われる。

山笠期間中、市内の各所に飾られた飾山笠は7月15日の追山笠終了後ただちに撤去されるが、櫛田神社に奉納された飾山笠は常設されており、1年中見ることができる。この飾山笠は、1960年から山笠中継を行うKBC九州朝日放送が奉納している。

ちなみに、山笠に関わる男衆は、期間中きゅうりを口にしないとのこと。これはきゅうりを輪切りにした断面が櫛田神社の紋に似ているかららしい。境内には樹齢1000年以上、博多区内で最も古いといわれる大銀杏（20）が聳え立っている。

与謝野鉄幹が、まだ学生だった北原白秋・吉井勇・木下杢太郎・平野万里の4人を連れて九州内を旅することとなり、交代で執筆した紀行文を「五足の靴」と題して新聞紙上で発表した。九州に入った第1夜を中洲の川丈旅館に宿泊したことから「五足の靴」文学碑（12）が旅館前に建てられている。碑には、吉井勇が詠んだ「旅籠屋の名を川丈といひしことふとおもい出てむかし恋しむ」の歌とともに5人の名前と簡単な解説などが記されている。

当地区では、博多リバレインの「瑞雲」をはじめ33点を掲載する。

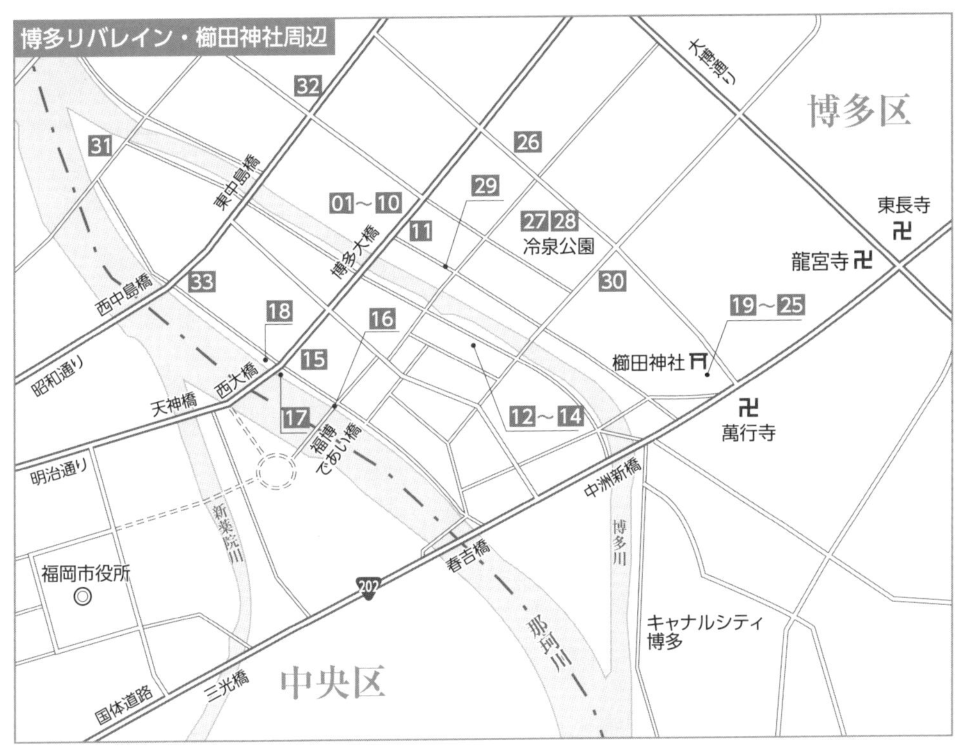

01
「東方の星」
方振寧作
下川端町 3-2
（ホテルオークラ博多川側）

02
「千字橋」
鄭廣鎬作
下川端町 3-2
（博多リバレイン―ホテルオークラ福岡 2 階渡り廊下）

03
「Playtime」
パーミンダー・コー作
下川端町 3-1
（博多リバレインセンタービル 9 階）

04
「柱は柱」
崔正化作
下川端町 3-1
（博多リバレイン博多川側）

05
「Riverside boogie-woogie」
江上計太作
下川端町 3-1（博多リバレイン博多川側）

06
「瑞雲」
吉水浩作
下川端町 3-1（ホテルオークラ側）

「Home and away」

スダンシャン・シェッティ作

下川端町 2-1（博多座東側壁）

アンパンマン像

福岡アンパンマンこどもミュージアムinモールへの案内。

下川端町 3-1（博多リバレイン、明治通り沿い）

「那の津幻想」

豊福知徳作

下川端町 3（博多リバレイン前）

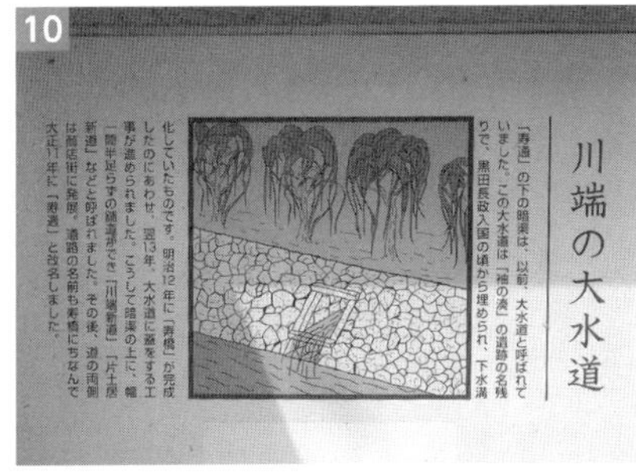

川端の大水道

下川端町 3（博多リバレイン西側、博多川遊歩道）

川上音二郎像

林口五郎作。川上音二郎（1864～1911）は福岡市対馬小路生まれの役者。オッペケペー節で有名。

上川端町 12-20（ふくぎん博多ビル前）

「五足の靴」文学碑

与謝野鉄幹・北原白秋・木下杢太郎・吉井勇・平野万里の5人が九州を旅した際の紀行文を「五足の靴」として発表。博多での宿が「川丈旅館」だった。碑には、吉井勇の歌が記されている。

「旅籠屋の名を川丈といひしことふとおもいてむかし恋しむ」

与謝野鉄幹（1873〜1935）：京都府出身の歌人。『乱れ髪』は有名。

北原白秋（1985〜1942）：福岡県出身の歌人・詩人。「からたちの花」は有名。

吉井勇（1886〜1960）：東京都出身の歌人、著作家。

木下杢太郎（1885〜1945）：静岡県出身の詩人・劇作家・医学者。白秋と「パンの会」を結成して活動。

平野万里（1885〜1947）：埼玉県出身で理系の詩人・歌人。

中洲 3-1-18（川丈旅館前）

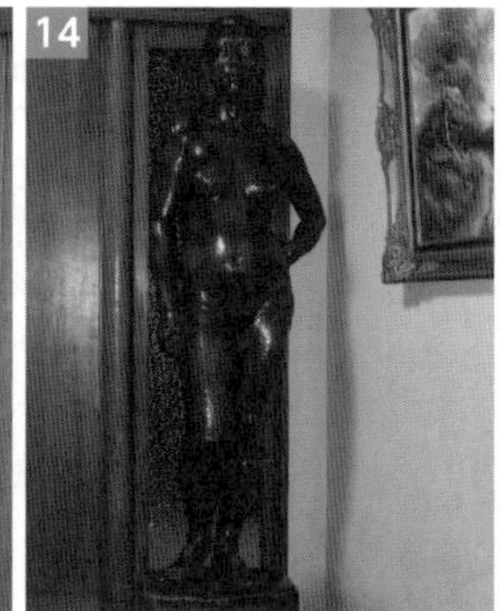

川丈旅館の男性像と女性像

作者不詳

中洲 3-1-18（川丈旅館内）

「どっこいしょ」

小田部泰久作

中洲 4-6
（中洲大洋前）

「三人舞妓」

小島与一作

中洲 4-5
（福博であい橋右岸）

17

「人間」の碑

原田種夫文学碑

原田種夫（1901～1989）福岡市出身の作家、詩人。

「人間
ひとをにくむことなかれ
にくむこころははりねずみ
サボテンのとげのいたさである
ゆるしてやれいたわってやれ
ひとのにくたいの一部には
どうしても消えぬ臭い所がある
それがにんげんが神でない印だ
ゆるしてやれいたわってやれ」

同所に「思い出の記」と題した碑も建つ

中洲 4-6（西大橋信号そば）

18

環境浄化の塔

中洲 5-3
（西大橋信号そば）

19

高浜年尾句碑

高浜年尾（1900～1979）。高浜虚子の長男。
「飾山笠見る約束に集ひけり」

上川端町 1-41
（櫛田神社）

20

櫛田の銀杏

県指定天然記念物。樹齢1000年といわれる博多一の古木。

上川端町 1-41（櫛田神社）

蒙古碇石

元寇の蒙古軍の船に碇として積まれていたとされる。

上川端町 1-41（櫛田神社）

鹿児島寿蔵歌碑

鹿児島寿蔵（1898〜1982）、歌人。紙塑人形の創始者でもある。

「荒縄を下げてゐさらひ露はなる山笠比と乃瑞々しさよ」

上川端町 1-41（櫛田神社）

力石

力士や力自慢が持ち上げた石が多数奉納されている。平成12年の御遷宮の際には有名力士の名が刻まれた力石が奉納されている。中には朝青龍の名も。

上川端町 1-41（櫛田神社）

井上吉左衛門翁胸像

井上吉左衛門（〜1985）。博多祇園山笠振興会会長、福岡市議会議長。

上川端町 1-41（博多歴史館 1 階）

「SHIP'S CAT」

ヤノベケンジ作

店屋町 5-9（WeBase 博多）

戦災死没者慰霊塔（戦災記念碑）

1945 年 6 月 19 日～20 日にかけての空襲で福岡市の 3 分の 1 が焼失。冷泉町付近の被害は甚大だった。慰霊塔は終戦 20 周年の昭和 40 年に建立された。

上川端町 7-109（冷泉公園）

**冷泉公園
時計塔**

上川端町 7
（冷泉公園）

博多弁の垂れ幕

福岡出身の漫画家長谷川法世の絵による方言集。「のぼせもん」「なおす」「いぼる」など。

（川端通商店街）

30

「希望」

作者不詳。冷泉小学校創立120周年記念碑。小学校は統廃合で移転。現在、跡地は文化財の発掘調査中で立入禁止。

上川端町 6-38
（冷泉小学校跡）

31

七代目 市川團十郎 博多来演之碑

7代目市川団十郎（1791〜1859）。江戸生まれの歌舞伎役者。1834（天保5）年の来福記念碑。

中洲中島町 5
（中島公園）

32

新演劇祖 川上音二郎 誕生碑

川上音二郎（1864〜1911）。福岡市対馬小路生まれの役者、オッペケペー節で有名

古門戸町 3-8
（沖濱稲荷神社）

33

イルカのモニュメント

中洲 5-4-17
（ロイヤルリバービュー前）

10
Hakataku Area
博多駅南部

▶山王公園と板付遺跡

山王公園は博多駅からも近く、野球場・芝生広場・自由広場・ラバー張りのジョギングコースなどを備えた約 59.9 km^2 の地区公園である。

また、公園内には日吉神社があり、その入口には「旧博多駅記念塔」(01) がある。2 代目博多駅はルネサンス様式の駅舎で、使用された石柱が日吉神社に奉納され「旧博多記念塔」として建立されたものである。

さらに、南部には板付遺跡がある。板付遺跡は、御笠川と諸岡川に挟まれた標高約 12 m の低い台地を中心とした広範囲な遺跡である。弥生時代を中心とするが、旧石器時代・縄文時代・古墳〜中世の遺跡まで含む複合遺跡である。環濠があり、その内側には米などの食糧を貯蔵するための竪穴があったと考えられている。稲作のための用水路・井堰などもあり、稲作技術とともに高度な土木技術を持っていたことがわかる。出土品は多く、当時の自然環境を知ることができる自然遺物も検出されており非常に重要な遺跡である。

遺跡は竪穴住居や水田を復元展示した公園として整備されており、板付遺跡弥生館が隣接する。公園入口には、田辺光彰作の「籾」(07) が入場者を出迎えるかのように設置されている。この作品は、弥生時代に栽培されていた稲を連想して製作されたのであろう。

▶南福岡駅

南福岡駅は 1890 年に九州鉄道が開設した雑餉隈(ざつしょのくま)駅が前身で、1996 年南福岡駅に改称された。

かつては門司鉄道機関区の最南端で多くの列車の運転士が乗務交代す

る駅であった。速い電車の追い越し待ちをする待避駅であり、南福岡車両区が併設されていることから、待避線を利用して車両の分割・併結を行うこともある。また、車両故障が発生した場合、当駅で列車交換することもある。南福岡駅はいろいろな役割を担っている。

那珂川河川緑地には、村上勝（かつ）作の「大気の羽状 2001」（03）がある。羽が５枚・３枚・２枚のものから構成され、３カ所に分散して設置されている。当地区では、羽５枚のものをはじめ８点を掲載する。

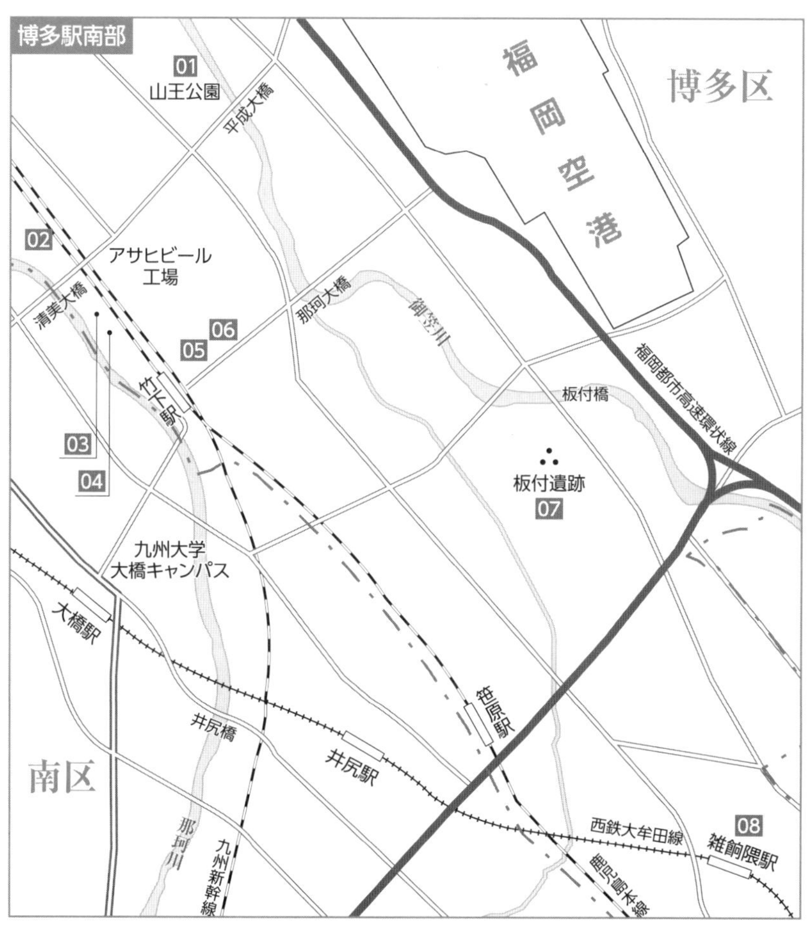

01

旧博多駅記念塔

山王 1-9-3
（山王公園日吉神社）

02

萬葉遺跡　蓑島の碑

「天地のともに久しく言ひ継げとこの奇し御霊敷かしけらしも」
巻 5-814／山上憶良
美野島 3-2（美野島公園）

03

「大気の羽状 2001」

村上勝作
美野島 4-1-62（那珂川河川緑地）

04

美野島南公園モニュメント

美野島 4-4
（美野島南公園）

05

御大典記念碑

御大典とは重大な儀式大儀、大礼。
那珂 1-44-6
（那珂八幡宮）

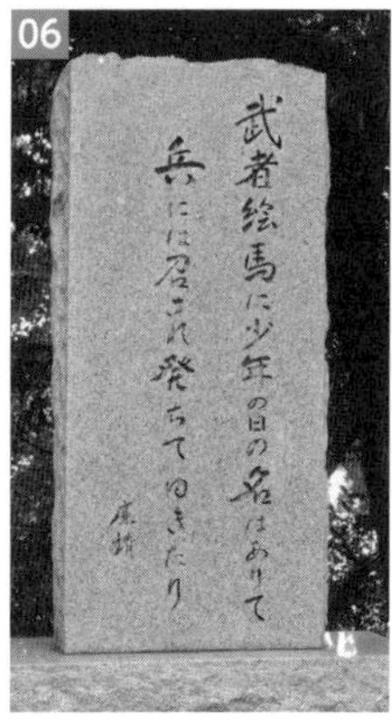

06

桑原廉靖歌碑

桑原廉靖（1915〜2001）。那珂八幡宮整備事業完成記念(平成4年5月)。
「武者絵馬に少年の日の名はありて兵に召され発ちてゆきたり」

那珂 1-44-6
(那珂八幡宮)

07

「籾」

田辺光彰作

板付 2-12 (板付遺跡入口)

08

寿町公園モニュメント

寿町 2-4 (JR 南福岡駅近く)

11

Chuoku Area

明治通り（天神地区①）

▶天神中央公園

明治通りとは、博多区千代2丁目交差点から西区小戸西交差点までの約10.2 kmの福岡市道千代今宿線のことである。この項では、那珂川にかかる西大橋から西鉄グランドホテルまでの区間について紹介する。

この区間には旧福岡県庁・福岡市役所・福岡銀行本店や証券会社等の福岡支店が立地し、行政・経済の中心地である。

福岡県庁は博多区東公園へ移転したが、行政・経済の中心であることには変わりはなく、博多駅周辺と2分する賑わいを見せている。

県庁舎は、1876年に天神へ移転以来、1981年11月に東公園へ移るまでの間、105年の長期にわたって当地にあった。県庁舎跡地はアクロス福岡（11）および天神中央公園として整備された。

天神中央公園には県庁舎の名残として旧県庁正門の写真のモニュメント（12）や正面玄関に使用されていたエンタシス様式の石柱（13）が設置されている。

福岡市役所西側ふれあい広場には、飲酒運転によって3人の幼い子供が犠牲となった事故を契機とした飲酒運転撲滅機運の高まりから、福岡市出身の漫画家の長谷川法世原案によって制作された「飲酒運転撲滅を誓うモニュメント」（21）が設置されているほか、市役所北側緑地には黒川晃彦作のサクソフォンを手にした男性像「プリーズ、リクエスト」（20）などがある。

公園内を歩いていると「福岡藩刑場跡」（15）という碑が目に止まる。福岡県庁が刑場跡地にあったということに驚かされる。しかし、よくよく調べてみると刑場は別の場所との記述があった。当地区は江戸時代上級武士の屋敷地であり、このような場所に穢れとなる刑場が設けられることなどありえないというのが専門家の意見とある。刑場は堅浜町と呼ばれた地域で、現在の下呉服町と大博町の境界にまたがる場所にあったということが判明。この刑場では福岡藩ではじめての人体解剖が行われたという。

市役所南側緑地には、姉妹都市を締結するアメリカ・オークランド市から贈られたヴィクトリア時代の街灯（18）が立てられている。

博多は商人の町、福岡は武士の町といわれている。博多には豪商神屋宗湛や島井宗室らの屋敷跡があるように、当地区には黒田二十四騎の1人とされる母里太兵衛の下屋敷跡がある（24）。

母里太兵衛は槍術に優れた勇将として知られ、黒田軍の先手大将を務めた人物である。黒田二十四騎の中で特に重用された黒田八虎の1人でもある。「黒田節」に謡われる名槍「日本号」を福島正則から呑み獲ったという逸話で知られる。

▶西中島橋周辺

昭和通りにかかる西中島橋近くにレトロな赤い煉瓦の建物がある。東京駅の設計者として知られる辰野金吾・片岡安によって設計された旧日本生命保険九州支店で、今は福岡市赤煉瓦文化館（02）として活用されている。

また、旧福岡県公会堂貴賓館（09）は第13回九州沖縄八県連合共進会の開催に伴い来賓接待所として建設されたものである。1910年開館。貴重なフレンチルネッサンス様式の木造建築物として、国の重要文化財に指定されている。

2005年3月20日、発生した福岡県西方沖地震によって被害を受けたが、修復され現在は一般公開されている。

太平洋戦争中の1945年6月19日、B29による空襲を受け福岡市内の主要施設・建物は焼失した。戦後、焦土と化した福岡の復興事業として福岡都市計画復興土地区画整理事業が施工された。事業完成記念として冨永朝堂によって「歩く、生まれる、昇る」（03）と題する彫刻が制作され、西鉄イン福岡の北側の一角に建立されている。

▶ふくぎん本店広場と西鉄グランドホテル

福岡銀行本店は美術館を思わせる展示場でもある。ふくぎん本店広場には、木内克（よし）作の「裸婦」（27）、柳原義達作の「道標・鳩」（30）をはじめ5点が展示されるとともに、店舗内には桑原巨守（ひろもり）作「野の花」（36）、高田博厚（たかた ひろあつ）作「La Mer」（33）をはじめ5点の彫刻と1点の油彩画が展示されている。

さらに、銀行地下のFFGホールへの向う階段の踊り場には、桑原巨守作の「ファーコート」（38）が設置されている。

西鉄グランドホテル1階ロビーには、1969年4月オープン当時から展示されているという「舞妓の錦織」（41）が色あせることなく美しく輝いている。

この錦織は、京都市所蔵の六曲一隻の屏風絵図を原画として龍村美術織物の3代目龍村平蔵が製作したもので、現在その技術を受け継ぐも者がいないという。ロビー内には、当初、西鉄グランドホテル大分に展示されていたが、閉鎖に伴い移設された朝倉響子作の「希」（42）など3点の彫刻が展示されている。

さらに、ホテルの前の天神に西交差点歩道広場には、カエルなどの動物をモチーフとした松永真の彫塑「顔が西向きゃ尾は東」（39-2）をはじめ5点のユニークな作品群が展示されており、「松永ワールド」を形成している。

これまで天神地区は、航空法によってビルの高さを厳しく制限されていたが、国家戦略特区の指定を受けて、福岡市の再開発プロジェクト「天神ビッグバン」構想が推進されている。高さ制限や容積率などの緩和によって100 m級のビルの建設が可能となり、対象区域全体で30棟を目標に老朽化したビルの建て替えが進められている。

当地区では「福岡市赤煉瓦文化館」をはじめ49点を掲載する。

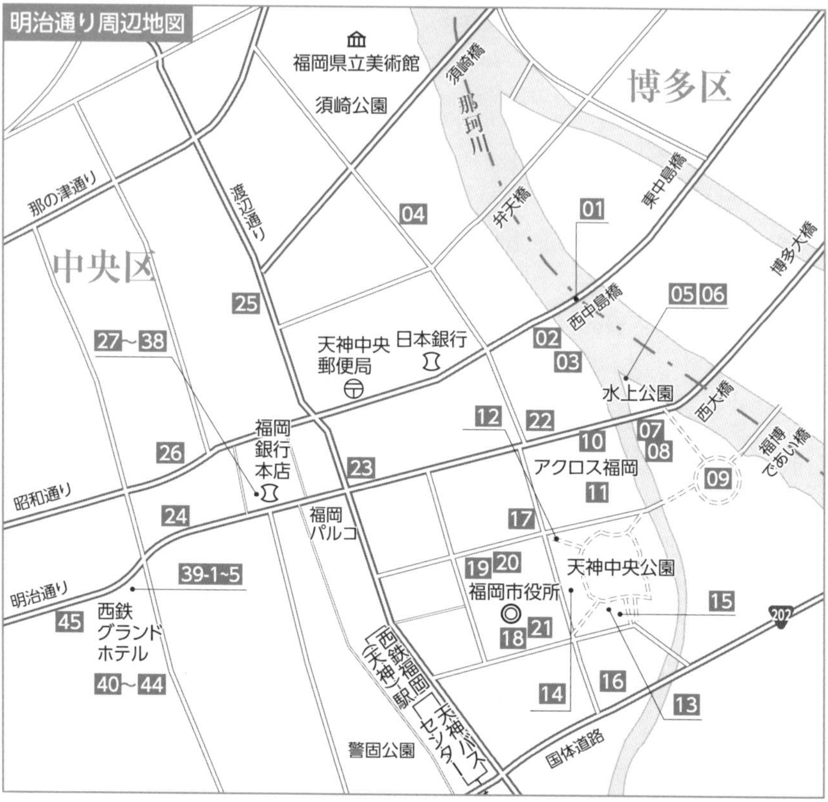

明治通り周辺地図

福岡県立美術館
須崎公園
須崎橋
那珂川
博多区
東中島橋
弁天橋
01
那の津通り
渡辺通り
04
中央区
博多大橋
西中島橋
05 06
25
27～38
天神中央郵便局
日本銀行
02
03
水上公園
西大橋
福博であい橋
12
22
07
08
10
福岡銀行本店
26
23
アクロス福岡
09
11
昭和通り
24
福岡パルコ
17
19 20
天神中央公園
39-1~5
明治通り
福岡市役所
15
202
45
西鉄グランドホテル
18 21
40～44
14
16
13
西鉄福岡（天神）駅
天神バスセンター
警固公園
国体道路

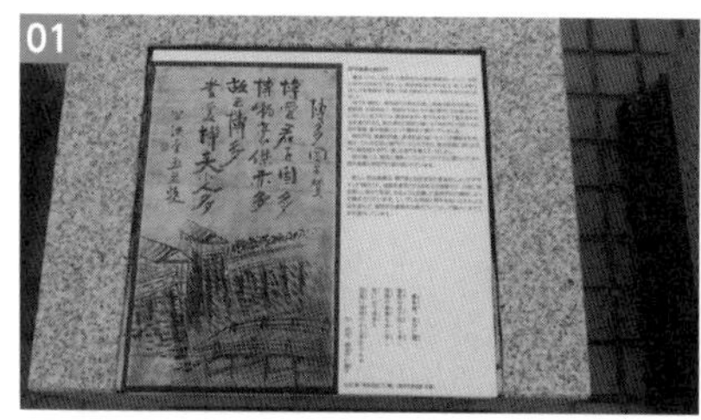

西中島橋と枡形門

原画は仙厓和尚（1750～1837）の「博多図並賛」。仙厓は江戸時代の臨済宗古月派の禅僧、画家。

天神 1（西中島橋橋脚部）

福岡市赤煉瓦文化館

旧日本生命保険九州支店として竣工、設計は東京駅（丸の内）と同じ辰野金吾・片岡安。

天神 1-15-30（西中島橋そば）

「歩く、生まれる、昇る」

冨永朝堂作。福岡都市計画復興土地区画整理事業完成記念。
天神 1-16（西鉄イン福岡北側）

裸婦像

題・作者不詳。
天神 4-8-15
（福岡ガーデンパレス 1 階ロビー）

「風のプリズム」

新宮晋作
西中洲 13
（水上公園）

「ホウオウ」

安永良徳作
西中洲 13（水上公園）

日本の道 100 選
顕彰記念碑

「東西軸トランジットモール」

歩行者と自動車の共存を図りつつ緑豊かな通りとして整備したことにより選定された。
西中洲 6-27
（親和銀行福岡営業部前）

「エレベーション」

ジョルジュ・シャンパンティエ作
西中洲 12-33
（大同生命ビル）

09

旧福岡県公会堂貴賓館

第13回九州沖縄八県連合共進会の開催に伴い来賓接待のために建設、1910年開館。

西中洲6-29（天神中央公園東側）

10

「STAR GATE」

菊竹清文作

天神1-1-1（アクロス福岡前）

11

アクロス福岡 ステップガーデン

天神1-1-1（アクロス福岡天神中央公園側）

12

旧福岡県庁正門の写真のモニュメント

天神1-1-1（天神中央公園入口）

13

旧福岡県庁の名残り

旧福岡県庁正面玄関で使用されていたエンタシス様式の柱。

天神1-1-1（天神中央公園噴水広場）

14

天神中央公園のモニュメント

九州産業大学・九州造形短期大学による制作。

天神1-1-1（天神中央公園西端）

福岡藩刑場跡

天神 1-1-1（天神中央公園噴水広場裏手）

「希望の鳥」

菊竹清文作
天神 1-3-46
（済生会福岡総合病院駐車場）

出合いの鐘

オランダ王室公認のロイヤル・アイスバウツ社製のカリヨン（ベル）を使用した時計。
天神 1-9-1
（ベスト電器本店前）

ヴィクトリア時代の街灯

姉妹都市を締結するアメリカのオークランド市から、福岡エキスポ'75で展示したものを終了後に寄贈された。
天神 1-8-1
（福岡市役所南側緑地）

「プリーズ、リクエスト」

黒川晃彦作
天神 1-8-1（福岡市役所北側緑地）

「プリマヴェーラ」

エスター・ワートハイマー作
天神 1-8-1（福岡市役所西側ふれあい広場）

「飲酒運転撲滅を誓うモニュメント」

原案：長谷川法世

天神 1-8-1（福岡市役所西側ふれあい広場）

「桂の影」

山崎朝雲作

天神 1-15-6（綾杉ビル前）

「無題」

株式会社オーケストラ設計

天神 1-12-7（福岡ダイヤモンドビル）

母里太兵衛屋敷跡之碑

ここに母里太兵衛（1556～1615）の下屋敷があったとされる。

天神 2-14-8（地下鉄天神駅 1 番出口近く）

廣田弘毅先生生誕之地

広田弘毅（1878～1948）。中央区天神に生まれる。外務大臣などを経て第 32 代内閣総理大臣となる。

天神 3-16（天神北交差点から徒歩 1 分）

「エナジー」

秋本順子作

天神 3-4-5（ピエトロ本店セントラーレ）

「裸婦」

木内克作
天神 2-13-1（ふくぎん本店広場）

「ボタン（大）」

佐藤忠良作
天神 2-13-1（ふくぎん本店広場）

「想」

本郷新作
天神 2-13-1（ふくぎん本店広場）

「道標・鳩」

柳原義達作
天神 2-13-1（ふくぎん本店広場）

「犬」

木内克作
天神 2-13-1（ふくぎん本店広場）

「La Baigneuse」

高田博厚作
天神 2-13-1
（福岡銀行本店 1 階）

「La Mer」

高田博厚作
天神 2-13-1
（福岡銀行本店 1 階応接室）

油彩画

題名・作者不詳。「naoki」のサインがある。
天神 2-13-1（福岡銀行本店 1 階応接室）

35

「裸婦」

木内克作
天神 2-13-1
（福岡銀行本店 1 階）

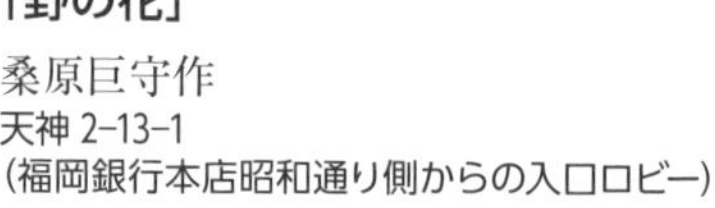

「野の花」

桑原巨守作
天神 2-13-1
（福岡銀行本店昭和通り側からの入口ロビー）

37

「うずくまる裸婦」

佐藤忠良作

天神 2-13-1（福岡銀行本店地下駐車場入口）

38

「ファーコート」

桑原巨守作

天神 2-13-1

（FFG ホール踊り場）

西鉄グランドホテル前

松永真ワールド

大名 2-6

（天神西交差点歩道広場）

39-1

「平和の門」

(Gate of peace)

39-2

「顔が西向きゃ尾は東」

(The face to west, the tail to east)

39-3

「見晴し台」

(View Platform)

39-4

「大きな一歩」

(Giant step)

39-5

「おかえり」

(Welcome)

40

西鉄グランドホテルのエンブレムと正面波形壁

大名 2-6-60
(西鉄グランドホテル)

41

舞妓の錦織

龍村平蔵作。原画は京都市所蔵の六曲一隻屏風絵図。作者は狩野永徳の父直信との説もある。
大名 2-6-60 (西鉄グランドホテル 1 階ロビー)

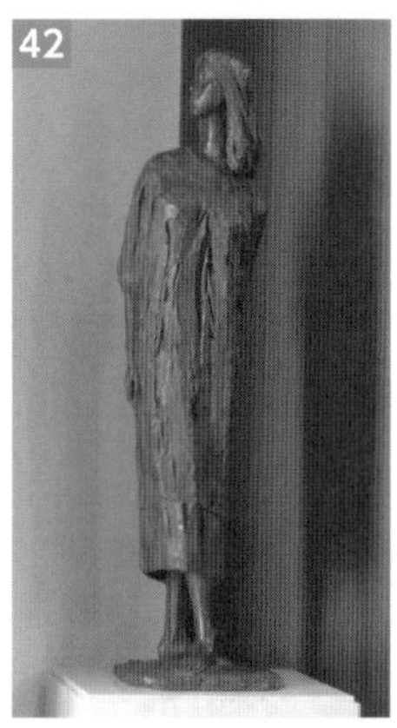

42

「希」

朝倉響子作
大名 2-6-60
(西鉄グランドホテル 1 階ロビー)

43

「羊飼いの星」

アンリー・ルイ・ルヴァスール作。台座には「フランスサロン展で金賞受賞」とある。
大名 2-6-60
(西鉄グランドホテル 1 階ロビー)

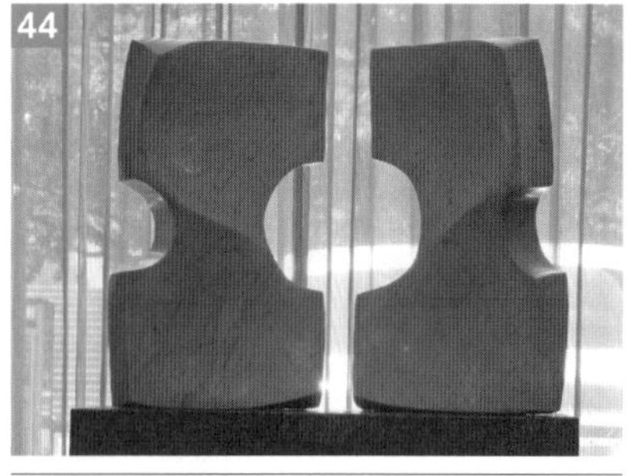

44

「対話」

山本哲三作
大名 2-6-60 (西鉄グランドホテル 1 階ロビー)

45

「大名の大狛犬」

中村弘峰作
大名 2-6-50 (ザ・リッツ・カールトン福岡前)

12

Chuoku Area

渡辺通り（天神地区②）

▶那の津口〜渡辺通４丁目交差点

渡辺通りは、九州最大の繁華街天神を南北に貫く道路で、北はmina天神から南はサンセルコまでの約1.3 kmと距離は短い。

渡辺通りの名は、渡辺與八郎という個人の名前に由来する。渡辺與八郎は、博多で呉服商「紙與」を営む実業家で、博多電気軌道株式会社を設立し、電車の開業に情熱を燃やす。しかし、電車道を整備した1911年10月に急死。彼を慕う人々は與八郎の偉業を偲び、整備した電車道を渡辺通りと名付けた。その後、1969年福岡市制施行80周年記念として行った道路愛称事業によって正式な呼称として命名された。

KBC九州朝日放送会館前には、種田山頭火（1882〜1940）が詠んだ「砂にあしあとのどこまでつづく」の句碑（02）が設置されており、以前はこの辺りまで海岸だったとある。

西鉄電車福岡（天神）駅北口に出ると金色に輝く、オシップ・ザッキン作の「恋人たち」（05）が佇んでいる。

渡辺通りを南下すると、大丸福岡天神店のエルガーラ・パサージュ広場には柴田善二作の「カバの親子」（10）、リン・チャドウィック作の「LITTLE GIRL Ⅲ」（11）などがあり、西日本新聞開館前から地下におりる階段の踊り場には高田博厚作の「Le Ciel」（12）がある。

▶警固公園・今泉公園

警固公園には、中村晋也作の「春を奏でる」（15）が優しく迎えるように建っている。

今泉公園には、吉岡禅寺洞（ぜんじどう）（1889〜1961）の句とともに顔のレリーフをあしらった碑（17）が設置されている。

また、江戸時代の歌人で野村望東尼（ぼうとうに）も師事したとされる大隈言道（ことみち）（1798〜1868）が隠棲した住居「ささのや」に隣接していることから、公園の一角を「ささのや園」として整備し、歌碑など（18〜21）が設置されていたが、現在は撤去され見ることはできない。

この地区も福岡市の再開発プロジェクト「天神ビッグバン」の対象地域であり老朽化したビルの建て替えが進められている。

当地区では、通り北端の山頭火句碑をはじめ23点を掲載する。

01

＊現在は撤去され見学不可

花の碑

福岡いけばな同好会 20 周年記念植樹：中国産　相樹子（ビャクダン）。

天神 5-2（須崎公園内）

02

山頭火句碑

種田山頭火（1882～1940）。自由律俳句の俳人。

「砂にあしあとのどこまでつづく」

長浜 1-1-1（KBC 九州朝日放送ビル前）

03

「長浜 4899」

松尾伊知郎作

長浜 1-2-8（あいあいセンター）

04

「風の追憶」

大貝滝雄作

天神 4-3-8（mina 天神前）

05

「恋人たち」

オシップ・ザッキン作

天神 2-11-1（福岡パルコ前）

06

めがね地蔵

昔から待ち合わせ場所として定番の場所。往年の縁結びスポットとしても有名。

天神 1-7-15
（天神愛眼ビル横）

07

天神ツインビルのモニュメント

天神 1-6-8
（天神ツインビル前）

08

ライオン像

イギリスのトラファルガー広場にあるネルソン記念塔下の4頭のライオン像がモデルとされる。

天神 2-1-1（福岡三越ライオン広場）

「BALANCE AND ORIENTATION」

グレゴリウス・シッダルタ・スーギョ作
天神 1-4-1
（大丸福岡天神店エルガーラ・パサージュ広場）

「カバの親子」

柴田善二作
天神 1-4-1
（大丸福岡天神店エルガーラ・パサージュ広場）

「LITTLE GIRL Ⅲ」

リン・チャドウィック作
天神 1-4-1
（大丸福岡天神店エルガーラ・パサージュ広場）

「le Ciel」

高田博厚作
天神 1-4-1（西日本新聞会館半地下広場）

「ROUND STRUCTURE-2007 円の構造」

内田晴之作

渡辺通り 4-8-25（リッチモンドホテル前）

メルヘンチャイム

天神 2-8（新天町サンドーム）

「春を奏でる」

中村晋也作

天神 2-2（警固公園）

田原淳先生住居之址

田原淳（1873〜1952）。九州大学心臓外科医の医学部教授。心臓の刺激伝達時に重要な役割を持つ結節（アショフ）を発見。のちに「田原結節」とよばれる。

天神 2-4-38（NTT-KF ビル前）

吉岡禅寺洞句碑

吉岡禅寺洞（1889〜1961）。自由律俳句の俳人。「こがねむしが眠っている雲たちはパントマイム」

今泉 1-8（今泉公園）

大隈言道旧居跡の碑

大隈言道住居を「ささのや」と称しており、その地をささのや園という。

今泉1-8（今泉公園ささのや園）

大隈言道文学碑

今泉1-8（今泉公園ささのや園）

大隈言道歌碑

「植ゑおきて旅には行かん桜花帰らん時に咲きてあるやと」

今泉1-8（今泉公園ささのや園）

広瀬淡窓の「題大隈氏幽居」の詩碑

今泉1-8（今泉公園ささのや園）

天神地下街（天神地区③）

福岡市において、博多駅地下街に次ぐ2番目の地下街として1976年9月に開業した。

北はミーナ天神から南は福岡市地下鉄七隈線天神南駅までの590 mの長さがあり、アパレル・雑貨から飲食店にいたるまで様々なジャンルのテナントが約150店舗入居している。通りは石畳や赤煉瓦で形成されて、19世紀のヨーロッパの風情を漂わせている。2005年の七隈延伸に伴い南に延長され、現在の長さとなった。

3番街インフォメーション広場には、開業20周年を記念して福岡市の花フヨウ・サザンカをモチーフにしたステンドグラス（18）が取りつけられた。同広場には、「プリマヴェーラ」中の「三美神」（19）、「ミネルヴァと三美神」（20）のステンドグラスのやわらかい光が周囲を照らす。

地下街の歩道は東西に分かれており、歩道の壁面や地下街から地上へつづく階段の踊り場などには、レオナルド・ダ・ヴィンチの「最後の晩餐」（25）、ボッティチェリの「プリマヴェーラ」（23）ムリーリョの「リベカとエリエゼル」（16）といった有名な絵画のレプリカやレリーフが展示されている。

このほか天井の模様も、3番街インフォメーション広場は幾何学模様（17）、西7番街通りは繊細な花の模様（31）、8番街石積みの広場は唐草模様（37）、東10番街通りは細長い葉の模様（37）など、場所によって違いがあり、買い物だけでなく見て歩くことも楽しめる地下街となっている。

当地区では、3番街インフォメーション広場ステンドグラスをはじめ39点を掲載する。

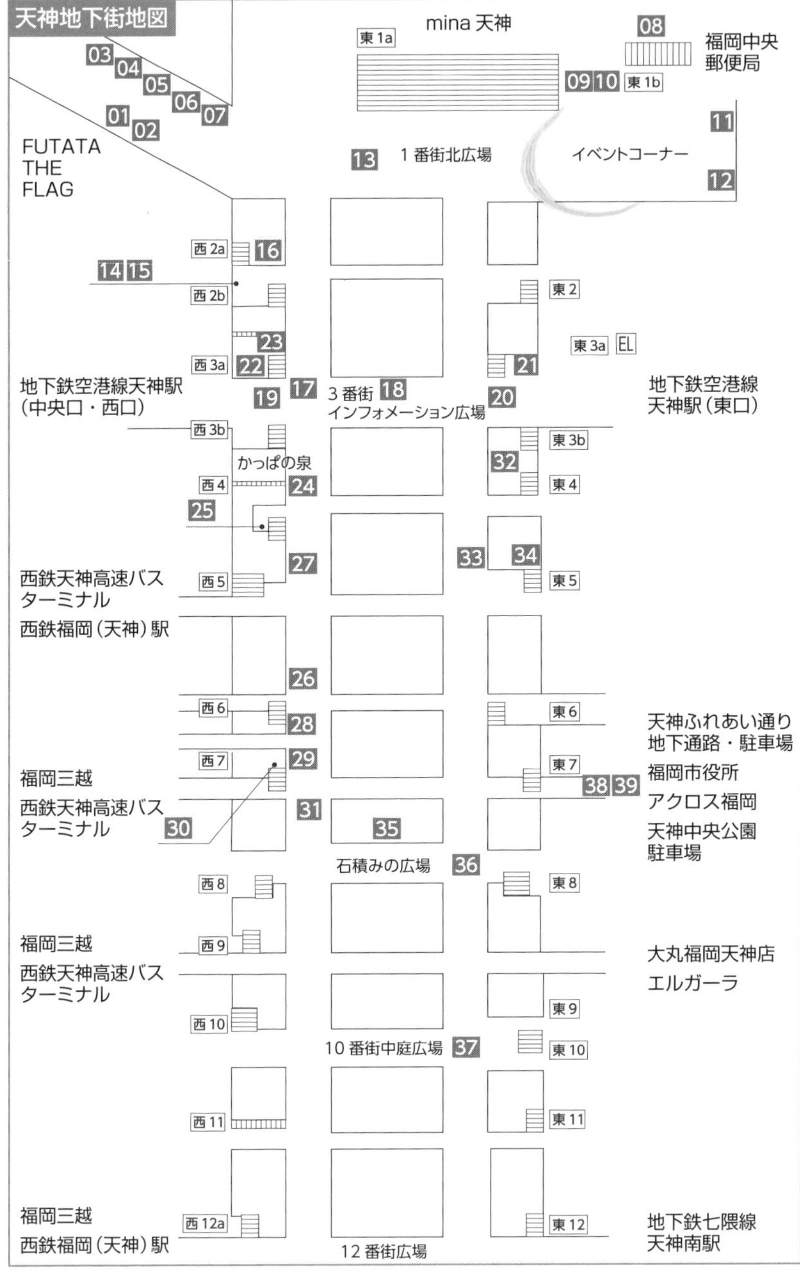
天神地下街地図
mina 天神
東 1a
08
福岡中央
郵便局
03
04
05
06
07
01
02
09
10
東 1b
11
12
FUTATA
THE
FLAG
13
1 番街北広場
イベントコーナー
西 2a
16
14
15
西 2b
東 2
23
東 3a
EL
西 3a
22
21
地下鉄空港線天神駅
(中央口・西口)
17
19
3 番街
18
インフォメーション広場
20
地下鉄空港線
天神駅(東口)
西 3b
東 3b
かっぱの泉
32
西 4
24
東 4
25
33
34
27
西鉄天神高速バス
ターミナル
西 5
東 5
西鉄福岡(天神)駅
26
西 6
東 6
28
天神ふれあい通り
地下通路・駐車場
西 7
29
東 7
福岡市役所
38
39
福岡三越
西鉄天神高速バス
ターミナル
31
アクロス福岡
30
35
天神中央公園
駐車場
石積みの広場
36
西 8
東 8
福岡三越
西 9
大丸福岡天神店
西鉄天神高速バス
ターミナル
エルガーラ
西 10
東 9
10 番街中庭広場
37
東 10
西 11
東 11
福岡三越
西 12a
東 12
地下鉄七隈線
天神南駅
西鉄福岡(天神)駅
12 番街広場

01

西 1 通路アート①

「ベリー公のいとも華麗なる時禱書（5 月）」
（1 番街北広場からフタタ・ザ・フラッグへの通り左側）

02

西 1 通路アート②

「フィレンツェの公営競馬」
（1 番街北広場からフタタ・ザ・フラッグへの通り左側）

03

西 1 通路アート③

「拳闘をする若者」
（1番街北広場からフタタ・ザ・フラッグへの通り右側）

04

西 1 通路アート④

「舟の旅立ち」
（1番街北広場からフタタ・ザ・フラッグへの通り右側）

05

西 1 通路アート⑤

「ヴェネツィアの夜」
（1番街北広場からフタタ・ザ・フラッグへの通り右側）

西１通路アート⑥

コルネリス・トルースト作
「ウェディング・ダンス」
（1番街北広場からフタタ・ザ・フラッグへの通り右側）

西１通路アート⑦

（1番街北広場からフタタ・ザ・フラッグへの通り右側）

東１bアート①

（福岡中央郵便局への階段踊り場）

東１bアート②

（mina 天神との接続階段）

東１bアート③

（mina 天神との接続階段）

イベントコーナーレリーフ①

（北１番街広場そば）

イベントコーナーレリーフ②

（北１番街広場そば）

ステンドグラス

（1番街北広場）

西 2a アート①

ジャン・オノレ・フラゴナール作「ぶらんこ」

（西 2a 出入口）

西 2a アート②

「ダ・コスタの時禱書」。左上から時計まわりに5月、9月、11月、12月。

（西 2a 出入口）

西 2 b アート

バルトロメ・エステバン・ムリーリョ作「リベカとエリエゼル」

西 2a 出入口

インフォメーション広場の天井模様

(3 番街インフォメーション広場)

ステンドグラス「ふよう・さざんか」

カジワラ・邦作。天神地下街開業20周年記念として制作された。市の花のフヨウとサザンカをモチーフにしている。

(3 番街インフォメーション広場)

3 番街インフォメーション広場アート②

シャルル・グレール作「ミネルヴァと三美神」

(3 番街インフォメーション広場)

3 番街インフォメーション広場アート①

サンドロ・ボッティチェリ作「プリマヴェーラ」より

(3 番街インフォメーション広場)

からくり時計「ヨーロピアン・ドリーム」

開業10周年記念に設置されたからくり時計
(3番街インフォメーション広場)

西3a
アート①

風見鶏のオブジェ
(西3a階段踊り場)

西3aアート②

サンドロ・ボッティチェリ作「プリマヴェーラ」
(西3a階段踊り場)

かっぱの泉

「PARCOのたまご」も新たに設置された
(西3番街福岡パルコへの入口)

西4アート

レオナルド・ダ・ヴィンチ作「最後の晩餐」
(西4階段踊り場)

西5番街アート

(西5番街)

西 4 番街アート

「吟遊詩人」
(西 5 階段近く)

西 6 番街アート①

「ルネサンスのパーティー」
(西 6 階段近く)

西 6 番街アート②

(西 7 階段近く)

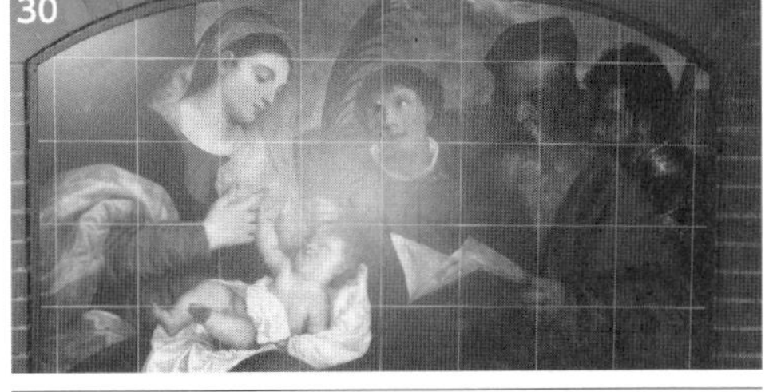

西 7 アート

ティツィアーノ・ヴェチェッリオ作
「聖母子と聖人たち」
(西 7 階段踊り場)

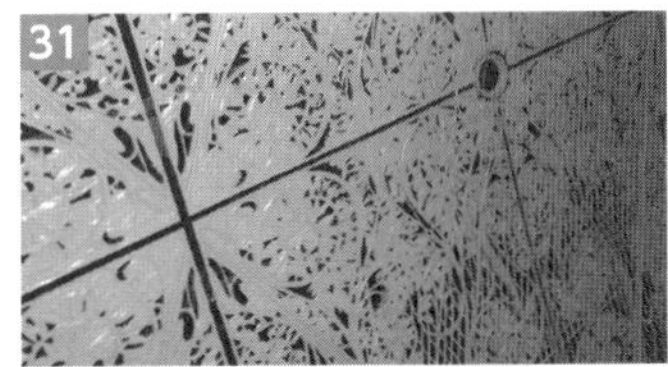

7 番街天井模様

(西 7 番街)

東 4 アート

「ベリー公のいとも華麗なる時禱書 (1 月)」より
(東 4 番街)

東４番街アート

「婚約指輪」(「ベリー公のいとも華麗なる時禱書（4月）」より)
(東４番街「Biople」前)

東５アート

(東５階段踊り場)

「Relier」

石井悠輝雄作。「Relier（ルリエ）」はフランス語で「つなぐ」の意
(8番街石積みの広場)

石積みの広場の天井模様

(8番街石積みの広場)

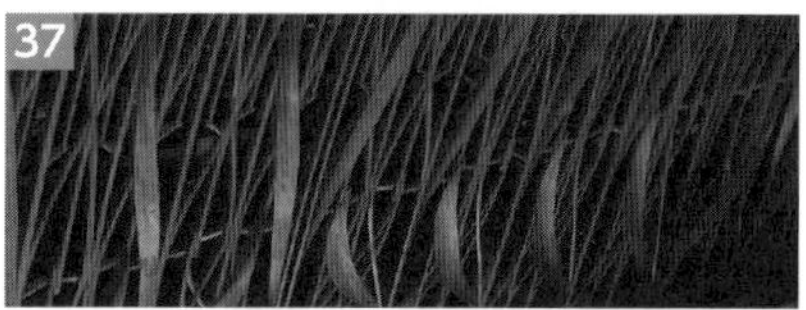

東10番街天井模様

(東10番街)

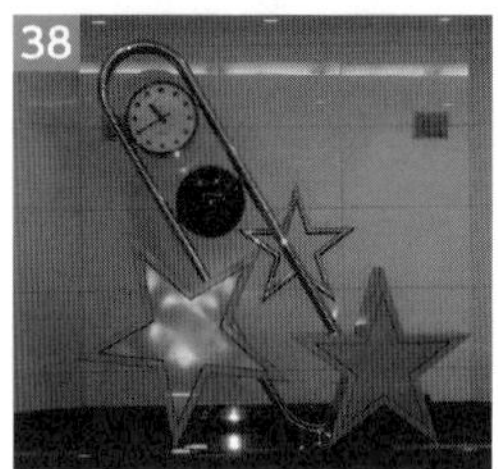

時計のモニュメント

(星の広場)

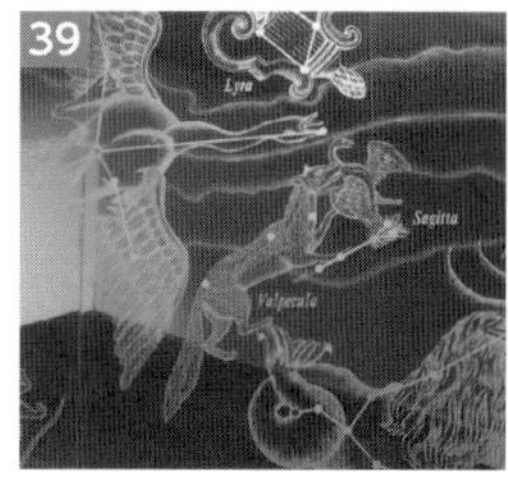

星座の天井画

(星の広場)

舞鶴・大名・唐人町周辺

▶武家町の痕跡

当地域は、舞鶴１丁目および大名２丁目福岡市中央区役所〜唐人町周辺までの北・海側の区域である。

江戸時代以前の大濠公園周辺は、博多湾に繋がる入り江で草香江と呼ばれていたが、福岡城（舞鶴城）築城の折、北側を武士の屋敷地とするために埋め立てられたという。明治通りのお堀端には堀石垣を見ることができる地下への入口がある（14）。

この地域が武家町だったことを示すものとして、舞鶴３丁目福岡市消防本部横には黒田家濱町別邸跡（06）と大名２丁目の飯田覚兵衛屋敷跡がある。しかし、黒田家濱町別邸は明治時代になって建てられたものとのこと。もう１つ、飯田角兵衛屋敷跡の飯田覚兵衛とはどのような人物だろうか。

飯田覚兵衛（1562〜1632）は、安土桃山時代から江戸時代前期の武将で尾張加藤家の家臣である。1583年賤ヶ岳（しずがたけ）の戦いにおいて加藤清正軍の先鋒として活躍したという。槍術に秀でており、土木普請も得意としていたと伝えられ、熊本城築城時にもその才を発揮したという。名古屋城・江戸城普請の際にも奉行として参加している。

清正死後、その子忠広に仕えるも無能さを嘆き没落を予言。熊本藩改易の後は清正と盟友であった黒田長政に召しかかえられて福岡赤坂に住まいする。その屋敷にあったという大銀杏は今、樹木医らによって再生術が施されている（11）。

まさしく武士の町であることを彷彿とさせてくれるのである。

▶修猷館と甘棠館

福岡藩には東西2カ所の学問所が設置されていた。この学問所は、第7代藩主黒田治之（1753～81）の遺命によって1784年に開設される。東学問所修猷館（しゅうゆうかん）跡が赤坂1丁目に（16）、西学問所甘棠館（かんとうかん）跡（31）が唐人町3丁目にある。

修猷館は、武士の師弟が多く、主に朱子学のほか国学、和歌、和文の創作が講じられ、初代館長は藩儒の筆頭であった竹田定良が就任した。

甘棠館は、主に徂徠（そらい）学が講じられており、初代館長には亀井南冥が就任し、亀井の居住地である唐人町に開校した。志賀島で農作業中に偶然発掘された金印を『後漢書』に記載されている光武帝が倭の国王に印綬したものであると認定したのが亀井南冥である。

しかし亀井南冥は幕府の朱子学以外の学問を禁じた寛政異学の禁によって失脚。さらに大火によって屋敷も甘棠館も消失する。その後甘棠館が再開されることはなかった。

ちなみに、江戸時代前期の本草学者であり儒学者で『養生訓』や『筑前国続風土記』を著した貝原益軒の屋敷跡碑（26）が荒戸1丁目にある。

▶大名・舞鶴周辺

九州大学の伊都キャンパスへの移転に伴い、福岡高等裁判所・地方裁判所・家庭裁判所、福岡地方検察庁などの司法関連機関は九州大学六本松キャンパス跡地へ移転したが、大名・舞鶴地区には福岡市中央区役所・交通局・消防局・健康づくりサポートセンター等複合施設「あいれふ」などの行政機関や民間企業のオフィスなどが建ち並び、いまだ活気ある町並みを形成している。

中央区役所には、福岡ふようクラブ結成25周年を記念して西島伊三雄デッサンをもとに製作された「博多やまかき小僧『すっまっせん』」（09）と題する水の時計と福岡市地下鉄空港線・箱崎線開通を記念した豊田豊作の「無限空間'93」（10）が設置されている。

また、「あいれふ」の周囲には、キース・ヘリング作の「無題」（03）、草間彌生作の「三つの帽子」(04)、また1階ロビーには、母里聖徳(ぼりきよのり)作の「ドラムマン」がある。

▶大手町・唐人町周辺

明治通りのお濠の端にはサクラの木が植えられている。花の時期にお濠の散策道を満開のサクラを眺めながらそぞろ歩きするのは楽しいものである。夜にはライトアップされて昼とは一味違ったサクラも楽しめる。また、初夏にはお濠いっぱいに咲く大きなピンクの蓮の花は見事である。

そのお堀端を歩いていくと、かつて福岡に本拠地をおいた西鉄ライオンズのホーム球場であった平和台野球場の記念モニュメントがある(17)。説明版には次のように記されている。

「1948年(昭和23)第3回国民体育大会会場として建設された運動場は『強く平和を祈る気持ち』から『福岡平和台総合運動場』と命名された。1950年(昭和25)全国的な野球人気の高まりからサッカー場跡を野球場に改造して『平和台野球場』として生まれ変わり永くプロ野球『西鉄ライオンズ』のホーム球場として利用される」。

しかし、1997年野球場は閉鎖、跡地は舞鶴城址将来構想から歴史公園として整備され、鴻臚館跡広場となっている。

福岡船だまりの先に住吉神社があり、午砲場跡の碑(34)がある。午砲とは、時間を知らせるために撃つ大砲の空砲のことで、市民に「ドン」と親しまれていた。1898年、時間厳守を啓発するため須崎の旧福岡藩台場ではじまった。その後、西公園に移設され、波止場に午砲を入れる小屋が建てられた。1931年サイレンに移行するまで正午の時報「ドン」と打ち続けられた。「ドン」に使用された大砲は福岡市博物館に展示されている。

ちなみに、福岡船だまりへ向かう途中にビル一面に楽器などを描いたミューラルアート(33)がある。

当地域は、平和台野球場記念モニュメントをはじめ36点を記載する。

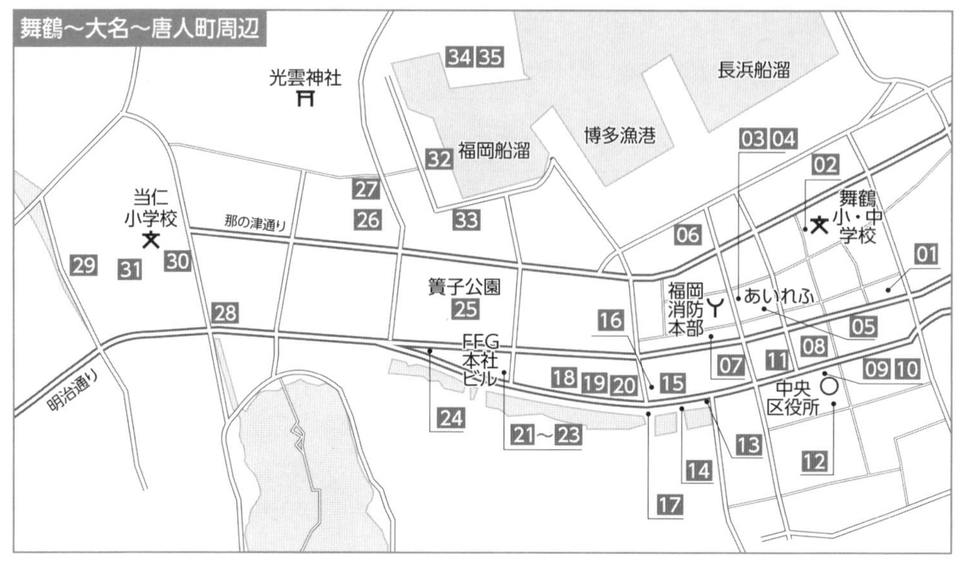

西郷南洲翁隠家乃跡

西郷南洲（隆盛）（1828〜1877）。薩摩藩士、軍人、政治家。

舞鶴 1-1-27
（舞鶴 NS ビル前）

「華」

幡青果作。第 95 回二科記念展ローマ賞受賞作品。

舞鶴 2-6-1（舞鶴小・中学校）

「無題」

キース・ヘリング作
舞鶴 2-5-1
（福岡市健康づくりサポートセンター等複合施設「あいれふ」）

「三つの帽子」

草間彌生作
舞鶴 2-5-1
（福岡市健康づくりサポートセンター等複合施設「あいれふ」）

玄洋社跡

玄洋社とは旧福岡藩士が中心となって1881年に結成されたア政治団体。
舞鶴 2-3-1（ドコモ舞鶴ビル前）

黒田家濱町別邸跡

舞鶴 3-9-39
（福岡市消防本部横）

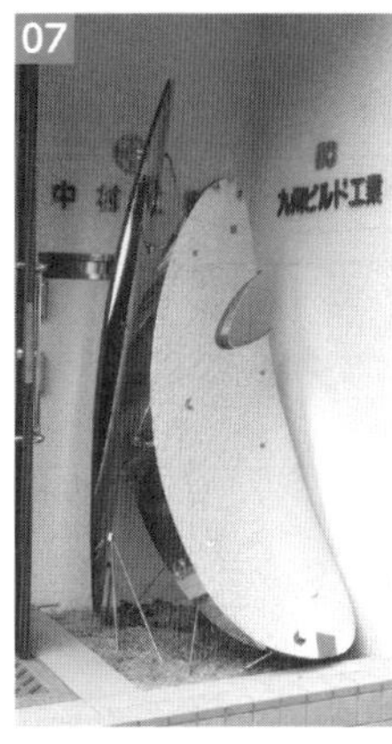

「絆」

菊竹清文作
舞鶴 3-2-6
(昭和通り沿い、中村工業前)

「風景門」

安川民畝作
大名 2-10
(中央区役所交差点そば)

「博多やまかき小僧『すんまっせん』」

西島伊三雄作。彫刻家石黒孫七との共同で制作された。
大名 2-5-31 (中央区役所前)

「無限空間 '93」

豊田豊作。福岡市地下鉄空港線・箱崎線完成記念。
大名 2-5-31
(中央区役所・福岡市交通局)

飯田覚兵衛屋敷跡大銀杏

飯田直景（1562～1632）。通称覚兵衛。安土桃山～江戸前期の武将、尾張加藤家の家臣。槍術の名手で加藤清正の死後、黒田長政に召し抱えられて赤坂に住む。加藤十六将の1人。
大名 2-10-10

富安風生句碑

富安風生（1885～1979）、俳人。
「この道をここにふみそめ草のはな」
大名 2-5-1（福岡郵便貯金事務センター）

「道標」

「赤坂ふれあいどうろ」「中央体育館、中央市民センター」「赤坂小学 警固小学校」の文字あり。
城内 1
（赤坂西交差点そば）

福岡城跡堀石垣

入場には事前予約が必要。
城内 1（福岡城跡 1 号堀前）

西南学院発祥の地

福岡県での私立学校教育の必要性を訴え、1916 年福岡バプテスト神学校校舎跡地に開校。
赤坂 1-16-5
（読売新聞西部本社前）

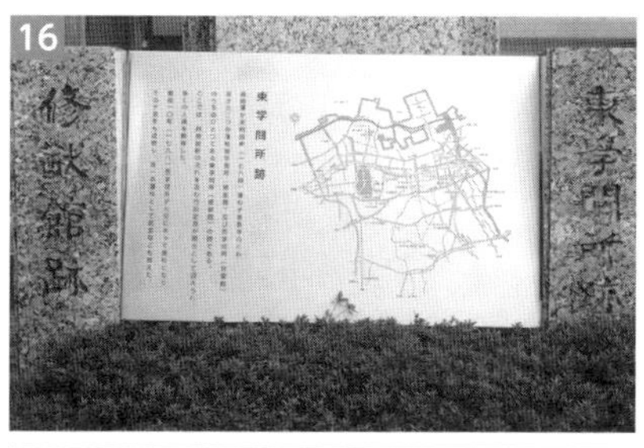

東学問所修猷館跡

7 代藩主黒田治之の遺命によって、西学問所（甘棠館）とともに 1784 年開校。
赤坂 1-16-14（三井住友海上福岡赤坂ビル西側）

17

平和台野球場記念モニュメント

1948年、第3回国民大会会場で、強く平和を祈る気持ちから「福岡平和台総合運動場」と命名され、後に野球場に改造。

城内1（平和台信号そば）

18

「慈極」

監修：冨永朝堂
製作：竹中正基
　　　吉塚隆一

大手門1-1-12
（大手門パインビル前）

19

「踊女」

冨永朝堂作

大手門1-1-12（大手門パインビル1階ロビー）

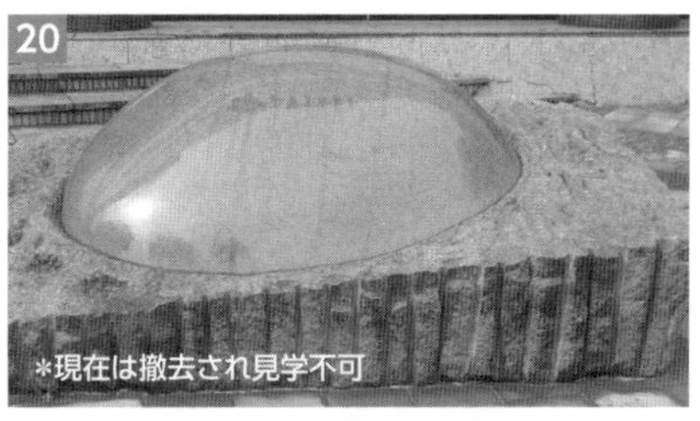

20

＊現在は撤去され見学不可

「TAISEI」

大手門1-1-7（旧大成建設株式会社九州支社）

21

「Double Fantasy」

菊竹清文作。「Inside-Out」「Outside-In」2つが対となる作品。

大手門1-8-3
（株式会社ふくおかフィナンシャルグループ〔FFG〕本社前広場）

黒田二十四騎

博多人形作家協会による共同製作
大手門 1-8-3 (FFG 本社 1 階ロビー)

樹齢約 300 年のケヤキ

2 度の株立ちを経たケヤキ。樹齢約 300 年と科学的分析で判明している。
大手門 1-8-3
(FFG 本社前広場)

「スウィング」

クレメント・ミドモア作
大手門 1-9 (昭和通り・明治通り合流地点)

戦災死者供養塔

福岡空襲による犠牲者の供養塔。
大手門 3-15
(簀子公園)

貝原益軒屋敷跡

貝原益軒（1630〜1714）江戸時代の本草学者・儒学者。『養生訓』『筑前国続風土記』などを著した。
荒戸 1-11-10
(サンシティ大濠前)

27

中野正剛先生生誕之地

中野正剛（1886～1943）。福岡藩士の子として中央区荒戸に生まれる。早稲田大学卒。新聞記者を経て政治家となる。

荒戸 1-14-3（港町交差点から徒歩 3 分）

28

黒門モニュメント

写真は唐人町側のモニュメント。荒戸側にもにモニュメントがある。

唐人町 1-1、荒戸 3-1（昭和通りと黒門川通り交差点の両側）

29

ヤクルト事業創業の地

福岡ヤクルト販売株式会社創立50周年記念として建立。「健腸長寿」「昭和 10（1935）年」の文字がある。

唐人町 1-8（「唐人町交差点から徒歩 2 分）

30

せせらぎがっぱ

この地に伝わる「河童の松物語」に登場する酒好きの漁師嘉兵衛と酒好きな河童の話をモチーフに。

唐人町 3-1（唐人小学校横）

31

福岡藩校西学問所（甘棠館）跡

7 代藩主黒田治之の遺命によって東学問所（修猷館）とともに開校。火災に巻き込まれ焼失。学問統制で朱子学が主流となり、再建されず。

唐人町 3-2-6（八幡稲荷神社）

32

スクリューのモニュメント

底曳網漁業基地開設 65 周年を記念して日本遠洋底曳網漁業協会福岡支部が寄贈したもの。

港 2（かもめ広場）

33

ミューラルアート

港 2-3-22（田口ビル）

34

午砲場跡

正午の時報を告げる大砲「午砲」がおかれた場所。サイレンに変わる1931年まで使用された。大砲は福岡市博物館に展示。

港 3-3-13
（住吉神社）

35

力石

住吉神社に奉納された力石の１つ。

港 3-3-13（住吉神社）

15
Chuoku Area

大濠・舞鶴公園

▶大濠公園

大濠公園一帯は、昔は草香江と呼ばれ、博多湾と繋がる入り江であった。福岡藩築城の際に埋め立てられて武士の屋敷地となる。海から切り離された部分は城西側を外堀として活用し「大堀」と呼ばれた。

1900年西公園の附属地となり1925年東京の日比谷公園を設計した本田静六東京帝国大学教授の進言を受けて公園整備を計画する。1927年東亜勧業博覧会を機に造園を行い、1929年大濠公園として開園する。面積約40 haの県営都市公園で国の登録記念物となっている。

1966年には福岡大博覧会の会場となり、大会終了後、福岡市美術館・福岡武道館・大濠公園日本庭園・大濠公園能楽堂・大噴水・ジョギングロードなどが整備された。しかし、大噴水は50 mも噴き上げる大型であったため、隣接する福岡管区気象台の観測に影響があるということで、1988年に撤去された。1980年代に入ると池の水質悪化、アオコの発生、悪臭が問題となり浚渫などの対策が講じられた。

福岡市美術館大濠公園口にはジャコモ・マンズー作「恋人たち」があり、階段を上ったテラスには草間弥生作「南瓜」、木内克作「エーゲ海に捧ぐ」など6点の彫刻が展示されている。

国体道路側から正面玄関に向う角には、福岡県出身ではじめて内閣総理大臣になった広田弘毅（1878～1948）の銅像（⓬）が設置されている。南口には、バリー・フラナガン作「三日月と鐘の上を跳ぶ野うさぎ」がある。館内2階フロアーなどにはマリノ・マリーニ作「騎手」など5点が自由に観覧可能である。

▶舞鶴公園

舞鶴公園は福岡城址を中心に平和台陸上競技場・鴻臚館広場などからなり、桜・梅の名所として知られている。花の時期には多くの花見客で賑わいをみせる。

ソメイヨシノ、大型でピンクのヨウコウ、淡黄緑色のウコンのほか、白くちょっと小さな花で塩漬けされた葉は桜餅を包むのに使われるオオシマザクラ、大型で八重のベニユタカなど20種近くの桜が植えてあり、開花時期・花の色・一重や八重と見比べることも楽しみの1つである。ちなみに、ベニユタカは、日本放送連盟第45回民間放送大会（福岡大会）を記念して植樹されたものである（06）。なお、ジュウガツザクラは秋から春まで咲き続けるという変り種で西広場にある。

また、スポーツ界の鬼才といわれる岡部平太（1981〜66）と戦後初の公選で選出された第17、18代市長三好弥六（1880〜1957）の2人の胸像が陸上競技場内に建立されている（04、05）。通常施錠された門があり、なかなか見ることもできない場所に何故？と思ってしまう。そのようなFところに設置されているということもまた面白い。平和台陸上競技場を管理する公益財団法人福岡市緑のまちづくり協会に手続きすれば、見学することができる。

現在、福岡城に現存するのは数棟の櫓や門のみであり、全体像は想像することしかできないが、城づくりの名手加藤清正が素晴らしい城だと評したとか。福岡城に天守閣があったのかも不明と聞く。天守台跡の石垣（27）を見上げながら天守閣を想像するのも楽しいものである。現存する大手門である下之橋御門（20、21）、（伝）潮見櫓（22）や南北2棟の隅櫓を結ぶ平櫓で構成された多門櫓（24〜26）は素晴らしい。

当地区では、平和台陸上競技場横の遣隋使が詠んだ歌の万葉歌碑（07）福岡城多門櫓はじめ27点を掲載する。

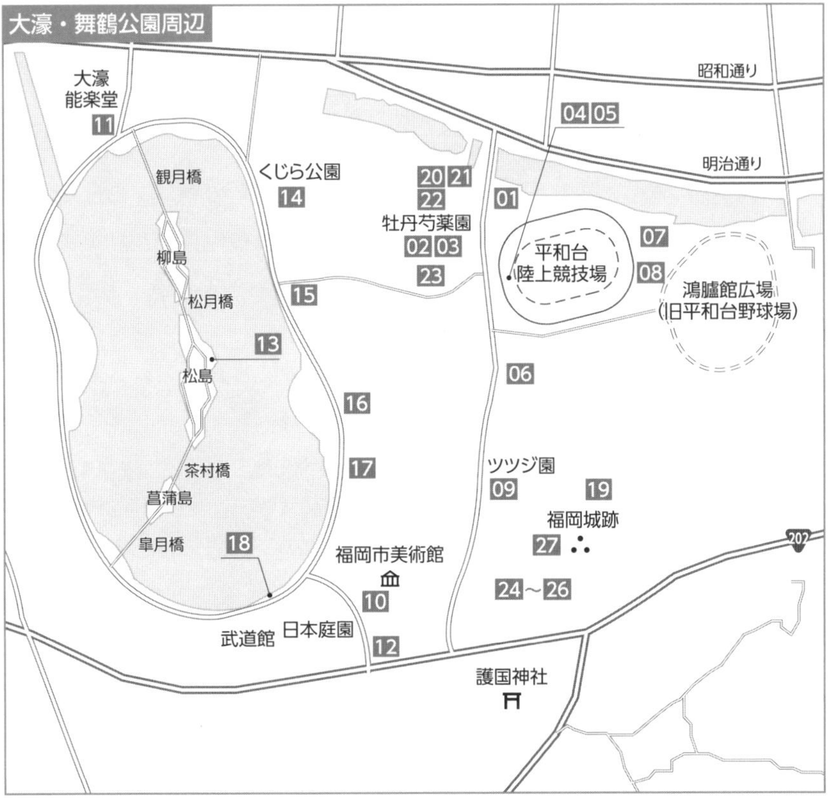

大濠・舞鶴公園周辺

昭和通り
明治通り
大濠能楽堂 11
観月橋
くじら公園 14
20 21
22
牡丹芍薬園 02 03
23
04 05
01
平和台陸上競技場
07
08
鴻臚館広場（旧平和台野球場）
柳島
松月橋
15
13
松島
06
16
17
茶村橋
菖蒲島
皐月橋
18
ツツジ園 09
19
福岡城跡
27
福岡市美術館
10
24～26
202
武道館
日本庭園
12
護国神社

01
福岡聯隊の跡
城内1

02
黒田如水公御鷹屋敷跡
城内2（舞鶴公園牡丹芍薬園）

進藤一馬歌碑

進藤一馬（1904〜1992）、玄洋社社長。衆議院議員を経て、1972年第25代福岡市長に就任。
「さくらさくら桜の国に我れ生きて花のさかりの春に又逢う」
城内2（舞鶴公園牡丹芍薬園）

第十三代福岡市長 三好彌六氏胸像

三好弥六（1880〜1957）。佐賀県三養基郡生まれ。第17代福岡市長。2期目の第18第市長選挙は戦後初の公選。第3回国民体育大会を誘致。市政70周年記念として三好市長像を建立。
城内1-4（平和台陸上競技場西門）

岡部平太先生像

岡部平太（1891〜1966）。糸島郡芥屋出身。日本スポーツ界の鬼才と呼ばれる。
城内1-4（平和台陸上競技場西門）

日本放送連盟第45回民間放送全国大会（福岡）記念

紅豊（さくらの品種名。遅咲きで八重の紅色が濃い桜）の植樹。
城内1（平和台陸上競技場）

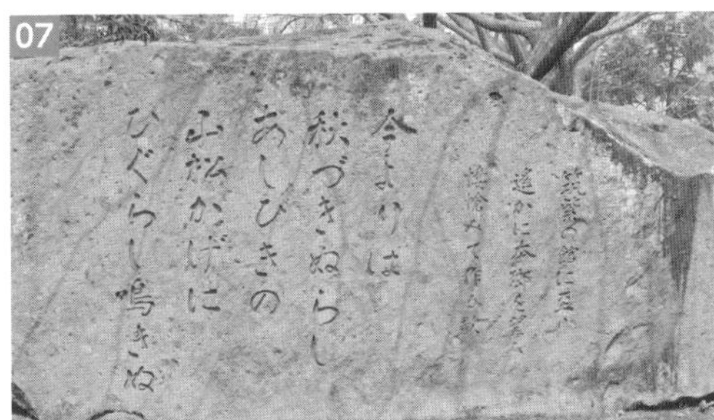

万葉歌碑

「今よりは秋づきぬらしあしひきの山松かげにひぐらし鳴きぬ」
巻15-3655／作者不詳
城内1（平和台陸上競技場東側）

08

健康保険第７回全国勤労者陸上競技大会記念塔

城内１
（平和台陸上競技場東側）

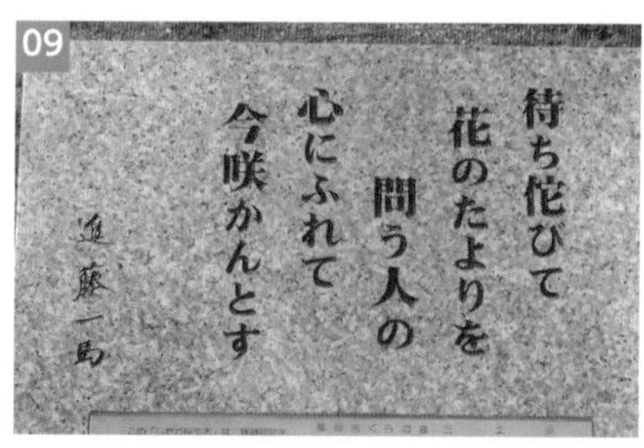

09

進藤一馬歌碑

「待ち侘びて花のたよりを問う人の心にふれて今咲かんとす」
城内（舞鶴公園つつじ園）

10

第十七代福岡市長 福岡市名誉市民

進藤一馬銅像

大濠公園 1-6（福岡市美術館正面玄関横）

11

「母子像」

山脇正邦作
大濠公園 1-5
（大濠公園能楽堂前）

12

廣田弘毅像

広田弘毅（1878〜1948、88 頁参照）。
城内 1-1（福岡市美術館近く）

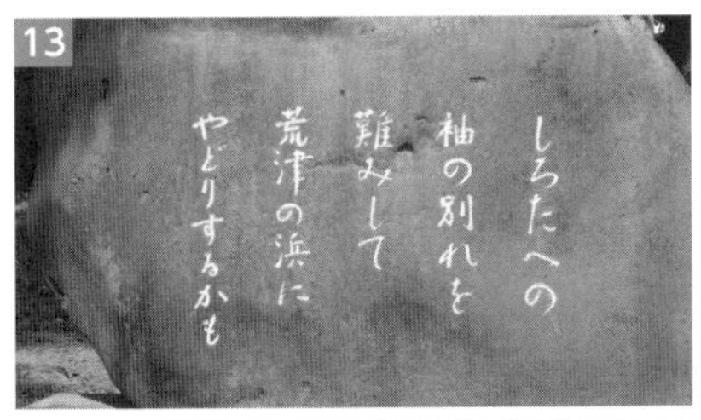

万葉歌碑

「しろたへの袖の別れを難みして荒津の浜にやどりするかも」
巻 12-3215／作者不詳
大濠公園1（大濠公園松島）

キツネのモニュメント

大濠公園1（児童遊園地［くじら公園］入り口）

「DEMETER」

原田新八郎作。糸島市出身の彫刻家。福岡大博覧会記念モニュメントの1つ。
大濠公園1（大濠公園から舞鶴公園へ向かう角）

新幹線開通 福岡大博覧会記念　野鳥の森

1975年に開催された福岡大博覧会を記念してつくられた森。
大濠公園（大濠公園遊歩道）

国際友好の森

福岡県と交流のある国・都市などから訪れた方々の植樹によってできた森。
大濠公園（大濠公園遊歩道）

18

測量標四等三角点

大濠公園1（福岡県立日本庭園の近く）

19

姉妹都市オークランド J.H.レディング市長・市民団来市記念植樹の碑

アメリカ・カリフォルニア州オークランドのJ.H.レデイング市長および市民団の来福記念植樹を示す碑。

城内（天守台跡の前広場）

20

21

下之橋御門（大手門）

福岡城で唯一現在も本来の位置にある門。20は城外側から撮影したもので、21は城内側から撮影。

城内2（大手門信号付近）

22

（伝）潮見櫓

左手の門が下之橋御門。

城内2（下之橋御門近く）

23

名島門

城内2（牡丹芍薬園南側）

多聞櫓

国指定の重要文化財で江戸時代から城内に残る数少ない建物の１つ。左から西隅櫓と平櫓、平櫓と北隅櫓、西隅櫓。

城内１（花菖蒲園東側）

天守台の石垣

城内１（桜園近く）

16

Chuoku Area

西公園

▶光雲神社と万葉歌碑

西公園のある丘陵地は、古くは「荒津山」と呼ばれていた。このことは荒津公園成立之記（09）でも明らかである。公園の成立は古く、1873年の太政官布告によって、1881年に公園地「荒津山公園」とされたと聞く。1900年、「西公園」に改められるとともに県の管理となる。

公園は面積約17 haの丘陵地で博多湾、志賀島を一望できる。マツ・シイ・カシなどの自然林にサクラ・ツツジを植栽・整備された風致公園である。春には約1300本のサクラが咲き誇り、「日本さくら名所100選」にも選ばれた記念碑（10）が光雲（てるも）神社へつづく階段手前に設置されている。秋にはモミジ・イチョウなどが色づき、都会とは思えないほど静かで心安らぐ憩いの場所となっている。

光雲神社の祭神は、福岡藩祖黒田如水・初代藩主黒田長政親子である。同社は福岡空襲によって焼失したが、1965年に再建された。そのことを記念して、再建に貢献した個人を顕彰する碑（16）が境内に建立されている。

このほか、博多人形師中ノ子富基子作の長い槍と盃を持って立つ母里但馬守太兵衛友信像（12）や大水牛兜の手水舎（13）、黒田家ゆかりの歌を記した筑前今様歌碑（14）、底曳網漁船殉難者慰霊碑（15）が建立されている。

この碑の説明書きには、「昭和19年10月、以西底曳網漁業会の先覚者この地を拠点として発展、そのかげには多くの尊い犠牲があり、その英霊を慰め、感謝してこの碑を建立（昭和33年10月）する」と記されている。

大濠公園から西公園へ向かう道路に西公園入口（01）と書かれた石柱があるが、裏面を見ると「草まくら旅行くきみを荒津まで送りぞ来ぬる飽き足らねこそ」（巻12-3216／作者不詳）と刻まれた万葉歌碑になっている（02）。西公園に万葉歌碑はもう1基あり、「神さぶる荒津の崎に寄する波間無しや妹に恋ひ渡りなむ」（巻15-3660）と詠んだ土師稲足の歌碑が西側展望広場にある（22）。

光雲神社近くの歩道上には面白い車止めがある。それは、桜の花の車止め（06）と人面の車止め（07、08）である。誰が製作し、設置したのだろうか。また特徴的な車止めは、博多駅から海に向う大博通りに「絆の車止め」がある（43頁参照）。

▶撤去された3体の銅像

戦前、当地には福岡藩家老の加藤司書、尊皇攘夷派藩士平野國臣と明治期の軍人で日露戦争で戦死した吉岡友愛（ともよし）の銅像があったが、1941年の金属類回収令よって3体とも拠出されたという。現在では、西公園へ向かう途中、左手の高台に建つ平野國臣銅像（03）だけが再建されている。

平野二郎國臣（1828～64）は福岡藩攘夷派志士として奔走し、西郷隆盛や真木和泉らと親交を持ち、討幕論を広めた。島津久光の上洛に合わせて挙兵を図るが寺田屋騒動に関連して投獄される。さらに、攘夷派公卿らと大和行幸画策するも八月十八日の政変で挫折。天誅組の挙兵に呼応する形で兵を挙げるもことごとく失敗に終り、投獄。その後、禁門の変の際に生じた火災を口実に殺害された。

銅像の横には平野國臣が詠んだ歌「我胸の燃ゆる思いにくらぶれば烟はうすし桜島山」が解説とともに添えられている（04）。

加藤司書の銅像は撤去されたが、台座は歌碑として再建された（17）。

▶大正天皇の行幸

1900年、皇太子嘉仁親王（大正天皇）が福岡行啓の折に松・桜を植樹した記念の碑（18）がある。その横には、何代目にあたるのか不明だが、松と桜の木が茂っており「皇太子嘉仁親王（大正天皇）手植えの松と桜」と表した説明板がある（19）。行啓の折、飲料水として使用された水が、東公園にある「松原水」である（32頁参照）。

当地区では、人面の車止めをはじめ22点を掲載する。

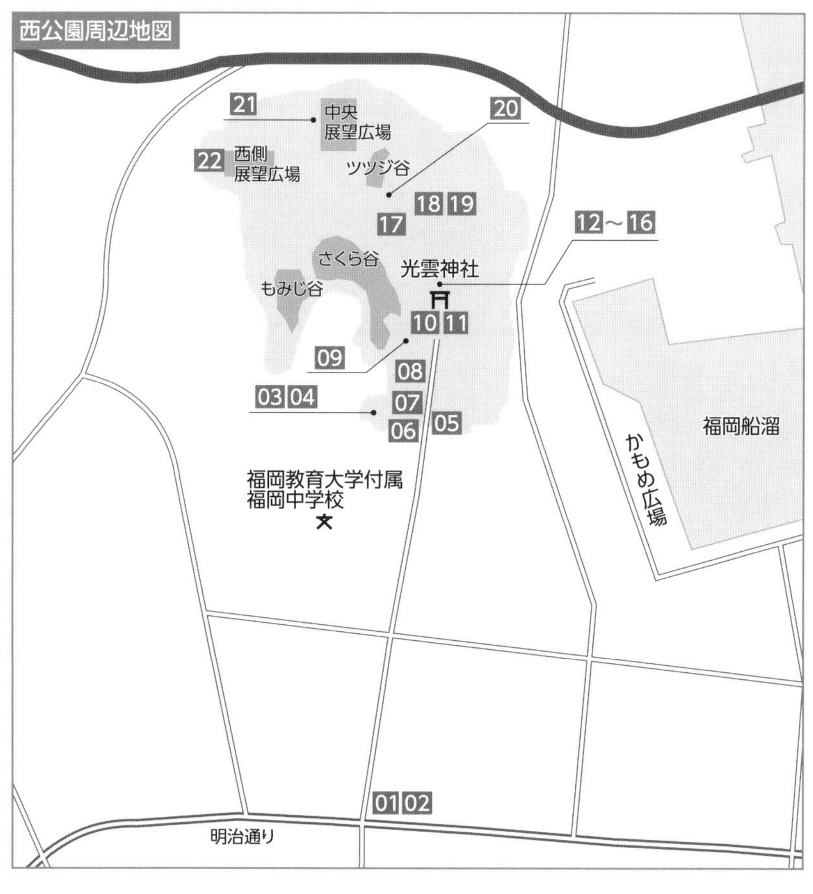

01

02

西公園入口碑

01が表、02が裏。裏面には万葉歌「草まくら旅行くきみを荒津まで送りぞ来ぬる飽き足らぬこそ」（巻12-3216／作者不詳）が刻まれている。

荒戸2-1（西公園入口門）

03

04

平野二郎國臣像

安永良徳作。04は平野国臣の事績をまとめた解説板。「我胸の燃ゆる思いにくらぶれば烟はうすし桜島山」

西公園10（光雲神社参道西側）

05

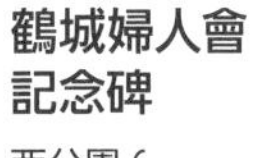

鶴城婦人會記念碑

西公園6
（光雲神社参道）

06

桜の花の車止め

西公園（西公園光雲神社参道）

07

08

人面の車止め

迷惑駐車や違法駐車を注意するかのようにみはっている顔の車止め。

西公園 6、7、9（西公園光雲神社参道）

09

荒津公園成立之記

西公園（光雲神社階段下）

10

日本さくら名所 100 選の地

日本さくらの名所 100 選とは、日本さくらの会が創立 25 周年記念として選定したもの。

西公園（光雲神社階段下）

11

国際ソロプチミスト
福岡−東　認証 10 周年記念

西公園（光雲神社階段下）

母里但馬守太兵衛友信像

中ノ子富基子作。母里太兵衛（1556～1615）。戦国時代～江戸前期の槍術に優れた武将。黒田二十四騎の中の１人。名槍「日本号」を福島正則から呑み獲った。

西公園 13-1（光雲神社境内）

大水牛兜の手水舎

原型となった兜は黒田長政（1568～1623）所用のもの。

西公園 13-1（光雲神社境内）

筑前今様歌碑

福岡藩の儒学者二川相近と高弟石松元啓の今様を刻んだ歌碑。

「合渡の川柳うゑてぞしのぶふら事ややる一すじにさび刀御代の恵は天地に」

「黒田柳と名をおひて其里人もかたよらすむかしをしのぶ春ごとにみどりのかげに仰ぐなり」

西公園 13-1（光雲神社境内）

15

底曳網漁船殉難者慰霊碑

西公園 13-1
（光雲神社境内）

16

光雲神社復元記念 功労者勲五等吉次鹿蔵翁彰徳碑

戦災で消失した光雲神社の復元に尽力した吉次鹿蔵の彰徳碑。

西公園 13-1（光雲神社境内）

17

加藤司書公歌碑

歌碑には、「皇御国の武士はいかなる事とか勤むべきただ身をもてる赤心と君を親とともにつくすまで」と刻まれている。かつて銅像が建立されていたが、金属供出令で台座のみ残る。

西公園
（中央展望広場から荒津山山頂にいたる遊歩道上）

18

19

皇太子嘉仁親王殿下御手栽松櫻

嘉仁親王（大正天皇）が植樹した植樹した松と桜の木（19）とその記念碑（18）。

西公園（荒津山山頂）

20

西公園開園 100 年記念

西公園の開園 100 周年を記念してあずまやが寄贈されたことを示す碑。

西公園

22

万葉歌碑

「神さぶる荒津の崎に寄する波間無くや妹に恋ひ渡りなむ」

巻 15-3660／土師稲足

西公園（西側展望広場）

21

徳富蘇峰詩碑

徳富蘇峰（1863～1957）。明治から昭和戦後期にかけてのジャーナリスト、評論家。

詩碑には、

「人傑地霊　古筑前廟家台
接水城迎淡翁　佳句吾能
誦伏敵門頭波　天拍」
とある。

西公園（中央展望広場）

17

Chuoku Area

大濠公園南部
福岡市動植物園周辺

▶六本松地区

六本松は1921年に旧制福岡高等学校が創立された地である。1949年の新制九州大学の発足に伴い旧制福岡高等学校は統廃合されることとなり、九州大学の一部となった。九州大学教養部として新たに開設されるのは1963年のことである。

1994年の教養部廃止後も全学教育（一般教養教育）の場とされたが、施設の老朽化と狭隘化、キャンパスが分散立地していたことなどから、箱崎地区（東区）・六本松地区（中央区）・原町地区（粕屋町）のキャンパスを西区の元岡・桑原地区（一部糸島市志摩）を中心としたエリアに集約・移転することとなった。

六本松キャンパスは、2009年に移転が完了した。跡地は、2010年3月独立行政法人都市再生機構（UR都市機構）に売却。再開発によって、南側は福岡高等裁判所・地方裁判所・家庭裁判所、福岡地方検察庁などの司法機関が設置された。北側は九州大学法科大学院・福岡市科学館・商業施設が入居する複合施設「六本松421」が建設された。JRが開発した地区には複合施設・分譲マンション・老人ホームなどが完成して大きな変貌を遂げている。

再開発で生まれ変わった六本松キャンパス跡地は「青陵の街」と名付けられた。「青陵」とは「希望にあふれた若者を育てる緑豊かな丘」という意味があり、旧制福岡高等学校の同窓会の名称も青陵会という。

当地区の東端に安永良徳作の「青陵乱舞の姿」（07）と題する像が設置されており、その由来について以下のような記述が添えられている。

「この像は旧制福岡高等学校の光栄を偲び福岡高等学校同窓会『青陵

会』により昭和43年6月完成除幕せられしもの也。旧制福岡高等学校は大正11年4月に開校以来29年の歴史を閲し昭和25年3月その歴史を閉じたり。その後、この地は九州大学第一分校を経て、九州大学教養学部となり、像は永く同校の前庭にありしもの也。平成21年九州大学伊都キャンパス移転により一旦撤去収納されて有りしものを六本松キャンパス跡地のまちづくりに活かし、茲に復元設置するもの也。福岡高等学校の卒業せる人材五千余名、生徒は幣衣破帽を専らとし、堂々博多の大道を闊歩、或いは校庭に高唱乱舞し、長じては国家有意の逸材として、世にその俊腕を讃えられたり。歴史の忘却を恐れ、茲に一文を草し書き留むるもの也」とある。「設置当初、当地には池もあり『青陵の泉』とされていたが、再開発に伴い、当時の池がなくなるなどの状況変化があり、実情にあわせた標題『青陵乱舞の姿』へ変更した」との説明がある。

当地区は天神など都心にも至近距離で、以前から日本住宅公団（現UR都市機構）の団地などもあり、多くの人が住む町でもあった。中央区天神南駅から西区橋本駅間の12 kmをはしる福岡市地下鉄七隈線は、日本で4番目の鉄輪式リニアモーター地下鉄として2005年2月開業し、六本松駅も開設された。沿線には中村学園大学や福岡大学もあるため、朝夕のラッシュ時には天神・博多へ向う通勤者、大学へ通う学生らによって上下線とも混雑がはげしい路線である。地下鉄七隈線の博多駅までの延伸工事も終了し、これから利便性も高まり、今後さらなる発展が期待される街である。

▶南公園

南公園は、中央区の町名の1つでもあるが、ここでは公園としての内容とする。

南公園は現在の福岡市動植物園とその周辺を含む一体、大休山（おおやすみやま）区域を総称したものである。約28 haの広さを持つ総合公園で1941年に開園した。さくらが植樹されており、市内の桜の名所の1つとして住民の憩いの場となっている。南公園一帯は風致地区に指定されており、常緑樹や落葉樹が自生する緑の濃い樹林帯を形成している。福岡市屋外広告物条例によって広告物の設置が禁止されている区域でもある。

動物園の開園は1953年である。その後、植物園が開設され、1979年には福岡市動植物園となる。園内には、アラビアオリックス舎の横に柴田善二作「タラーク」、子ども動物園前には、開園15周年を記念して児童憲章塔が設置されている。

動植物園の西門を出て左手の丘の中に、1965年孫文生誕100周年を記念した中山紀念碑（02）が建立されている。孫文（1866〜1925）は中華民国の政治家・革命家で国父と呼ばれ、初代の中華民国臨時大統領、中国国民党総理。日本に亡命し、玄洋社の頭山満のほか、犬養毅など多くの政治家・経済人とも親交があったという。日本では「孫文」が一般的な呼び名として知られているが、中国では「孫中山」が一般的とのこと。在福の華僑の人たちによって建立されたので「中山紀念碑」となっていることに納得。動植物園の方に「中山紀念碑」の場所を尋ねた際、「中山記念碑？」と首を傾(かし)げていたが、別の方が「孫文碑ですね！」といって経路を教えてくれた。

▶今川地区

中央区今川2丁目の金龍寺には、江戸前期から中期に活躍した、儒学者で、『養生訓』や『筑前続風土記』を著した貝原益軒（1630〜1714）の座像（12）がある。その横には病気療養のため来福し、貝原益軒記念堂を仮寓にしていた倉田百三の歌碑（13）がある。

また、江戸後期の学者正木昌陽（1827〜1905）の私塾不狭学舎跡碑が今川西公園裏手にある。正木昌陽は、福岡藩校・東学問所修猷館の本官を務めながら私塾の不狭学舎を通じて子弟の教育にあたったという。博多駅近くにあった人参畑塾の高場乱と正木昌陽は、福岡では双璧をなす学者として讃えられている。

当地域では、六本松の九州大学跡に建つ「青陵乱舞の姿」をはじめ14点を掲載する。

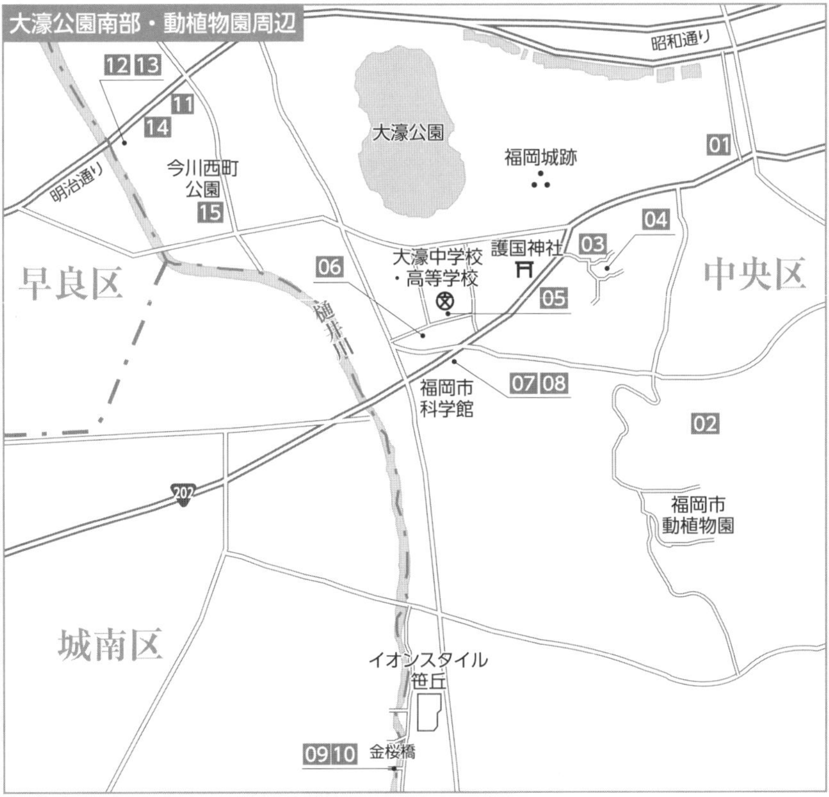

大濠公園南部・動植物園周辺

12 13
11
14
明治通り
今川西町
公園
15
大濠公園
福岡城跡
昭和通り
01
04
03
護国神社
大濠中学校
・高等学校
06
05
早良区
中央区
樋井川
07 08
福岡市
科学館
02
福岡市
動植物園
202
城南区
イオンスタイル
笹丘
09 10
金桜橋

01

緒方竹虎先生屋敷跡

緒方竹虎(1888〜1956)。福岡選出衆議院議員。内閣官房長官・副総理などを歴任。

赤坂1-2-1(警固西交差点から北へ徒歩1分)

02

中山紀念碑

「中山」とは「孫文」のこと。孫文（1866〜1925）中華民国の政治家・革命家。初代中華民国臨時大統領。

南公園 1（地下鉄桜坂駅より徒歩 7 分）

03

野村望東尼誕生之地

野村望東尼（1806〜67、147 頁 参照）。

赤坂 3-4
（赤坂 3 丁目の信号より徒歩 4 分）

04

ふくろうの森

赤坂 3-3
（赤坂西緑地）

05

井口末吉先生胸像

福岡大学附属大濠高等学校初代校長。

六本松 1-12-1
（大濠高等学校・中学校正門そば）

06

万葉歌碑

「草香江の入江にあさるあしたづのあなたづたづし友なしにして」

巻 4-575／大伴旅人
六本松 1-11-1（草香江公民館）

「青陵乱舞の像」と歌碑

安永良徳作。隣には歌碑と日時計（08）がある。

六本松 4-1-9（青陵の街）

缶のオブジェ

樋井川にかかる金桜橋のたもとにある缶のオブジェ。この橋は地元の小学生の協力で集められた14万3千個の空き缶が使用された全国初のリサイクル橋で、オブジェはタイムカプセルになっている。缶の上部にはプルタブが！

笹丘 1-27（金桜橋）

平野國臣先生誕生之地と平野國臣君追慕碑

平野二郎國臣（1828～64、129頁参照）

今川 1-7-9（平野神社）

貝原益軒座像

貝原益軒（1630～1714、117頁参照）。

今川 2-3-23（金龍寺境内）

倉田百三福岡寓居の記

倉田百三（1891〜1943)。劇作家、評論家。「このころの己れのこころのさやけさやくるあさをたゝにむかふる」
今川 2-3-23（金龍寺境内）

中野正剛銅像

中野正剛（1886〜1943、118 頁参照）
今川 2-1-17（鳥飼八幡宮）

地行中央公園
福岡 PayPay ドーム

▶埋め立ての歴史と地行中央公園

百道・姪浜地区埋め立てによる住宅地確保を定めた「第4次福岡市基本計画」に続き、1981年「第5次福岡市基本計画」によって、より複合的な目的を持った新しい海浜都市建設を目標に「地行・百道地区」「小戸・姪浜地区」の埋立事業が開始され、138 ha の広大な埋立地が完成した。この造成地において、アジア太平洋地域をテーマとする地方博覧会「アジア太平洋博覧会（よかとぴあ）」が1989年3月17日～9月3日の期間で開催された。

地行中央公園は、博物館・総合図書館・報道機関・IT 関連企業などが立地する百道地区に隣接する公園である。

芝生広場には、色鮮やかな「大きな愛の鳥」（ニキ・ド・サンファール作、01）が出迎えている。

▶福岡 PayPay ドーム

福岡 PayPay ドームは、開閉式の屋根を持つ多目的球場として1993年4月に開場した。面積7 ha、収容人数4万人の容量があり、現在福岡ソフトバンクホークスのホーム球場として活用されている。

球場を周回する3階デッキには、「ホークスⅠ世」の像（写真06-2）、「鷹観世音大菩薩」（写真06-3）などがあり、「暖手の広場」には、さまざまな分野で活躍する200人以上の著名人の原寸大の手のモニュメントがあり、握手ができるようになっている（06-4）。よく考えられており本当に楽しく面白いアイデアに感心する。

当地区では、「大きな愛の鳥」をはじめ9点を掲載する。

「大きな愛の鳥」

ニキ・ド・サンファール作
地行 1-9（地行中央公園芝生広場）

「松の実」

外尾悦郎作
地行 1-9（地行中央公園円形広場東側）

「木の精」

ドルヴァ・ミストリー作
地行 1-9（地行中央公園円形広場）

円形広場の時計塔

地行 1-9
(地行中央公園円形広場)

「生命の樹」

粟津潔作
地行浜 2-1-34
(福岡市保健環境研究所前)

福岡 PayPay ドーム モニュメント

地行浜 2-2-2 (福岡 PayPay ドーム)

FANWALK

ホークI世

鷹観世音大菩薩

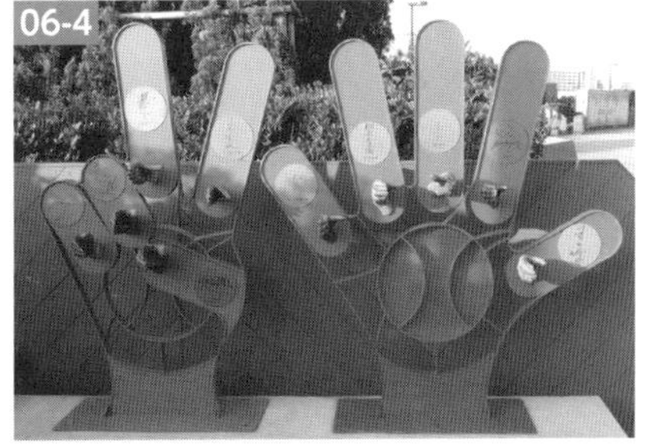

暖手の広場

19 Chuoku Area 薬院・平尾周辺

▶薬院周辺

薬院という地名は、薬草を育てる薬草園があったことに由来するらしい。貝原益軒が著した『筑前国続風土記』の中に薬草園に関する記述がある。

かつて薬院駅前は、西鉄天神大牟田線・福岡市内線（城南線）と道路が平面交差しており、そこに設けられた踏切は「開かずの踏み切り」と言われ、最も渋滞のはげしい地点の1つであった。しかし、1975年に城南線は廃止。さらに1995年、薬院―平尾間の高架化が完成し、慢性的な渋滞は解消された。その薬院駅のすぐ西側、TOPPAN西日本事業本部九州事業部前に、博多港に建立された「那の津往還」（63頁参照）と同じ豊福知徳の作品「Torre de vent（風塔）」（06）が設置されている。西鉄電車からもよく見える。

薬院駅から渡辺通りへ向かい九州電力共創館の裏手にあるポケットパークに「いくわの小径（こみち）」と題して東大寺形灯篭（07-1）・手水鉢と清涼寺形灯篭（07-2）・利休形灯篭（07-4）・水琴窟と織部形灯篭（07-5）など7点を配した散歩道がつくられている。

共創館の向かいのホテルニューオータニ博多1階ロビーには、流政之作の「サキモリ」（08）やフランスの画家ポール・アイズピリ作の油彩「博多の祭り」（09）が展示されている。

▶平尾

平安時代に平清盛が博多に開いたとされる「袖の湊」が描かれた古図に「博多古図」（住吉神社蔵）がある。古図に描かれた内海の「冷泉津」

「草香江」を隔てる小高い丘に「平尾村」の文字を見ることができるという。古くから人が住んでいたことがうかがえる。

当地には野村望東尼（1806～67）が晩年隠棲した平尾山荘（13）がある。望東尼は幕末の歌人・勤王家で、福岡藩内の尊皇攘夷派弾圧の動きが高まり、自宅謹慎を命じられたあと、姫島に流刑となる。平尾山荘では、勤皇派の志士をかくまったり、密会の場として提供したりしていたといわれる。また、望東尼は病にたおれた高杉晋作を看病し、最期を看取ったことでも知られる。この一角には、野村望東尼の胸像（11）と歌碑（12）がある。

この山荘の近くには、福岡を代表する百貨店福岡玉屋の創設者である田中丸善八翁の邸宅松風荘があった。この茶室・日本庭園を有する邸宅を整備し、2007年に「松風園」が開園した（14）。南公園へ向かう浄水通り辺りは、閑静な住宅地が広がっている。

当地域は「Torre de vent（風塔）」をはじめ20点を掲載する。

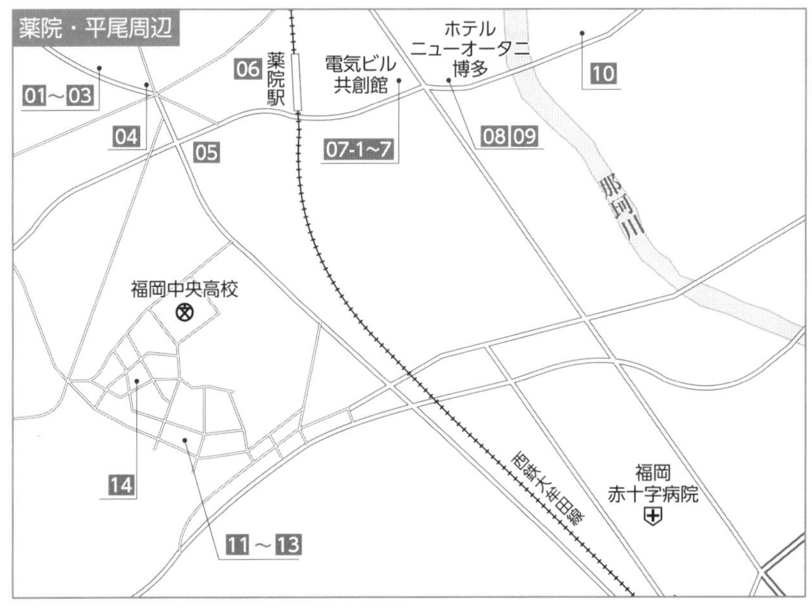

01

二宮金次郎像

二宮金次郎（二宮尊徳、1787〜1856）江戸時代後期の経世家、農政家、思想家。

警固 1-11-1
(警固小学校)

02

福岡市都市景観賞受賞記念碑

警固小学校前の並木道に対して授与された。

警固 1-11-1
(警固小学校)

03

保健文化賞紀念碑

警固 1-11-1 (警固小学校)

04

西部軍マンホール

西部軍とは、旧大日本帝国陸軍の１つ。1935 年、西部方面司令として設置された。マンホールの蓋に「西軍」の文字がある。

警固 1-17 (薬院六ツ角交差点近く)

05

「ピース」

高鶴元作

薬院 4-1-24
(薬院大通りセンタービル)

06

「Torre del vento (風塔)」

豊福知徳作

薬院 1-17-28 (TOPPAN 西日本事業部)

いくわの森

中央区渡辺通 2-1-82
（電気ビル共創館）

東大寺形灯篭

奈良の東大寺法華堂前の六角灯篭を模したもの。

手水鉢と清涼寺形灯篭

京都の清涼寺にある灯篭と龍安寺にある手水鉢。手水鉢は石庭で知られる同寺の茶室「蔵六庵」の路地にある銭形のつくばいで、水を貯める中央の穴を「口」の字に見立て、「我唯足知（われただたるをしる）」4字が刻まれている。意味は「自分は満ち足りていることだけを知っている」。

大徳寺垣

京都の大徳寺にあったもの。

利休形灯篭

千利休（1522～1591）が誉めた灯篭をこう呼んだ。千利休は戦国～安土桃山時代にかけての商人、茶人。

水琴窟と織部形灯篭

美濃の茶人古田織部が好んだ灯篭。古田織部（古田重然、1543～1615）は、戦国～江戸時代前期の武将、茶人、芸術家。

桂垣

桂離宮庭園の東側にある全長約 250 mに亘る竹垣。

岬形灯篭

「サキモリ」

流政之作
渡辺通 1-1-2
（ホテルニューオータニ博多1階ロビー）

「博多の祭り」

ポール・アイズピリ作
渡辺通 1-1-2
（ホテルニューオータニ博多１階ロビー）

イルカのモニュメント

清川 1-5-13
（マンションロイヤルコンフォート入口）

野村望東尼像と歌碑

歌碑には
「まごころをつくしのきぬは国のためたちかえるべき衣手にせよ」
「うき雲のかかるもよしやもののふの大和心のかずにいりなば」
の2首が刻まれている。

平尾 5-2-28 (山荘公園)

平尾山荘

野村望東尼が晩年すごした別荘。勤皇家が隠れた場所でもあった。

平尾 5-2-28 (山荘公園)

松風園

昭和20年代に建設された茶室と日本庭園の公園。日本を代表する百貨店福岡玉屋の創業者田中丸善八翁の邸宅「松風荘」の跡地を新しく整備して平成19年に「松風園」として開園した。田中丸家が愛用した茶室「松風庵」はそのまま保有。樹齢100年を超えるイロハモミジ、綾部燈籠が配置されており、四季折々の日本の美しさが体感できる庭園となっている。

平尾 3-28 (浄水通り交差点から徒歩3分)

高宮・大橋周辺

▶塩原・大橋周辺

当地区の多くは塩原土地区画整理事業地内に含まれている。この事業は福岡市南部副都心にふさわしい都市基盤の整備を図るために計画・実行されたものである。

施工区域面積は西鉄天神大牟田線の西は高宮通りから、東は那珂川までの約 153.9 ha と広範囲におよび、施工期間は 1971 年から 1991 年までの 20 年間と長期にわたる事業であった。

内容は、西鉄電車軌道の高架化と大橋駅のターミナル化、南区役所設置、保健所・警察署・市民センター・そのほかの文化・行政機能の集積などであった。電車軌道の高架化による交通渋滞の解消や大橋駅のターミナル化による福岡空港国際線ターミナルへの直行バスの運行など副都心としての機能を十分発揮しているものと思われる。

この土地区画整理事業の完成を記念して、塩原西公園内に富田眞平作の「天と地との会話」（03）が設置されている。

橋上駅となった大橋駅の東口・西口の両広場には、それぞれ時計塔がある。西口の時計塔は福岡玄海ライオンズクラブ結成 10 周年記念として寄贈されたもので、日々利用者に時を告げ続けている（01）。

周囲は九州大学芸術工学部・第一薬科大学・純真女子大学・筑紫丘高等学校などの教育施設も集中している。筑紫丘高校近くの高宮通りには「石投げ地蔵」（04）というちょっと変わった名前のお地蔵様が祀られている。

説明書きによれば、『筑前国風土記』には「塩煮塚」と記載されており、古い歴史があるそうだ。この付近は宝満山に入峰の折、山伏が断食をしながら通ったところで、言い伝えによると、太郎坊という山伏が修行半ばにしてこの地で倒れた。そこで、石を積み上げて祀り、供養したのがその名の起源であるという。

イボの治療に効くといわれ「イボ取り地蔵」として近郊よりの参詣者が後をたたない。また、近隣の人々から安産子安や諸願成就の霊験がある地蔵として信仰を集めたとされている。

「石投げ地蔵」へ上る階段の横に「子安の井」(05) と書かれた井戸がある。特段の説明などはないが、「石投げ地蔵」の説明書きの中にあった安産子安に関わるのもなのか。

▶高宮周辺

西鉄高宮駅西口、福岡市男女共同参画推進センターアミカス前の広場には、朝倉響子作「ソフィー」(07) と題する女性像がベンチに佇んでいる。

那の川1丁目には那珂川にかかる「那珂川筑肥橋」(11) がある。福岡市営地下鉄空港線開業まで市内には筑前と肥前を結ぶJR筑肥線が運行していた。通勤通学の足として利用されていたが、1983年に筑肥線は廃線となり、軌道跡は一般道路となった。橋は鉄橋であったことを偲ばせるデザインになっており「那珂川筑肥橋」という名前に変えて生き続けている。室見川にかかる橋も同様に鉄輪をデザインした橋に生まれ変わり「室見川筑肥橋」(178頁参照) となっている。

この那珂川筑肥橋の近くのやずや本社ビルには柱を登る可愛らしい猫のモニュメント (12) がある。企業の遊び心なのだろうか。

当地区では、富田眞平作の「天と地との会話」をはじめ12点を掲載する。

高宮・大橋周辺地図

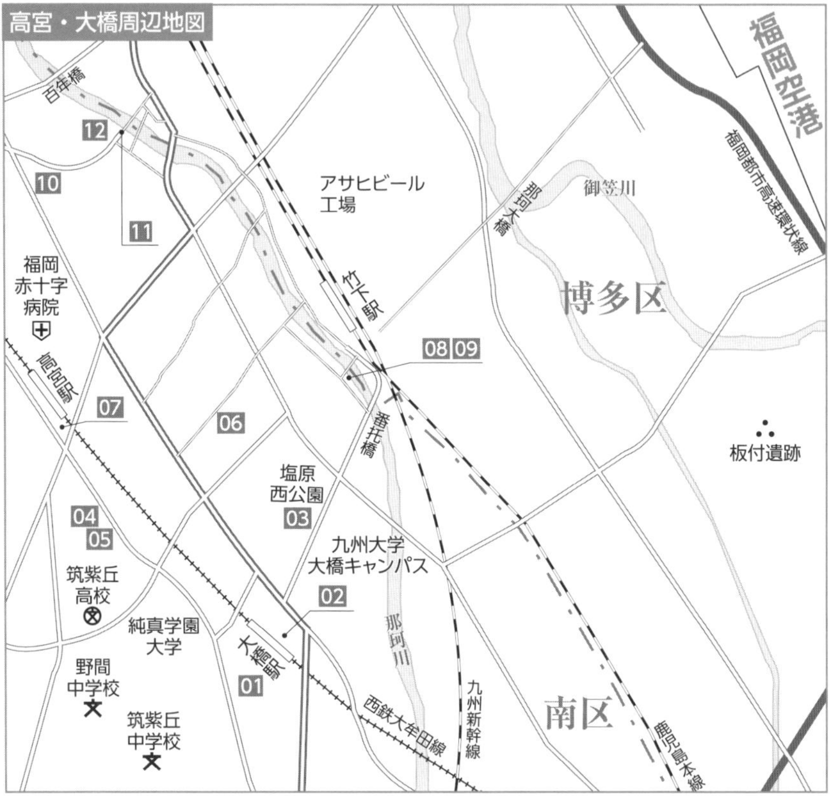

福岡空港
福岡都市高速環状線
百年橋
12
10
11
アサヒビール工場
那珂大橋
御笠川
竹下駅
博多区
福岡赤十字病院
高宮駅
08 09
07
06
番托橋
板付遺跡
塩原西公園
03
04
05
九州大学大橋キャンパス
筑紫丘高校
02
純真学園大学
大橋駅
那珂川
野間中学校
01
九州新幹線
西鉄大牟田線
南区
筑紫丘中学校
鹿児島本線

01

福岡玄界ライオンズクラブ結成 10 周年記念

時計のモニュメント

大橋 1-8
(西鉄大牟田線大橋駅西口)

02

時計のモニュメント

大橋 1-5
(西鉄大牟田線大橋駅東口)

03

「天と地との会話」

冨田眞平作。塩原地区土地区画整理事業完成記念碑。

塩原 3-12（塩原西公園）

05

子安の井

向野 1-22-7（ジョイフル野間店横の石段脇）

06

吊り橋のモニュメント

塩原 1-3-28（アンピールマンション東大橋）

04

石投げ地蔵

『筑前国風土記』に塩煮塚と記載がある。太郎坊という修行僧がこの地で倒れたのを石を積み供養したとの説話が伝わる。

向野 1-22-7（ジョイフル野間店横の石段の上）

07

「ソフィー」

朝倉響子作

高宮 3-3（西鉄高宮駅アミューズ高宮広場）

リボン橋とモニュメント

モニュメントは西中島橋に使われた石材を再利用したもの。子供を中心とした地域住民のワークショップでデザインされた。
塩原 1-13 (那珂川河川緑地)

イルカのモニュメント

大楠 1-35-19 (ロイヤル日赤通 80 の前)

那珂川筑肥橋

地下鉄開業に伴い姪浜－博多間の鉄道が廃止。その廃止された鉄道橋の名残を残すモニュメント。
那の川 1-6-10(百年橋交差点から徒歩 5 分)

やずやの猫のモニュメント

那の川 1-6-14 (やずや本社社屋の壁面)

若久団地・長住団地周辺

▶若久団地

若久団地は日本住宅公団（現 UR 都市機構）によって1964年に福岡市内にこれまでなかった千戸を超えるマンモス団地として誕生する。50年近くが経過しており建物の老朽化が目立ってきたため、現在緑豊かな環境を継承し、周辺環境に配慮した地域への更新が進められている。さらに魅力ある町になっていくことだろう。

当団地には、繊細な心理描写と巧みなトリックを駆使した『蒸発』『Wの悲劇』などを発表し、「ミステリーの女王」と称された日本の女性推理小説家の草分けである夏樹静子（1938～2016）が居住していた。

居住期間は、1964年秋から1972年春までの約7年間であったらしい。若久団地20周年を迎えた1983年に記念事業の一環として夏樹静子詩碑（01）が建立された。

▶長住団地

長住団地の旧名称は「長尾住宅団地」である。高度経済成長期の計画的なニュータウンで、コンセプトを「長く住める街」としたものであった。このコンセプトの「長く住める」から地名を「長住」としたものである。

道路を整備し、周辺には大きな公園・池を配置するとともに、商店街・銀行・郵便局・交番・小学校を中心部に置き、それを囲むように住宅地を配置する計画的なまちづくりがなされている。住宅団地は長住3、4丁目に展開されている。

居住区域である3丁目のマンション入口に、新しい人と人を結びつけることイメージしたような２連の輪のモニュメント（03）が設置されている。

福岡市西南部交通対策事業の一環として整備された清水・干隈線（愛称大池通り）の完成を記念したモニュメント（02）が野間大池のそばにある。このモニュメントは地元住民や諸団体の事業への多大なる協力の証として、また未来に向けた地域発展のシンボルとして設置された。空に向って伸びる３本の石柱を組み合わせた時計のモニュメントで、内側には鐘があり時を知らせる。

当地区は、清水・干隈線完成記念モニュメントをはじめ４点を掲載する。

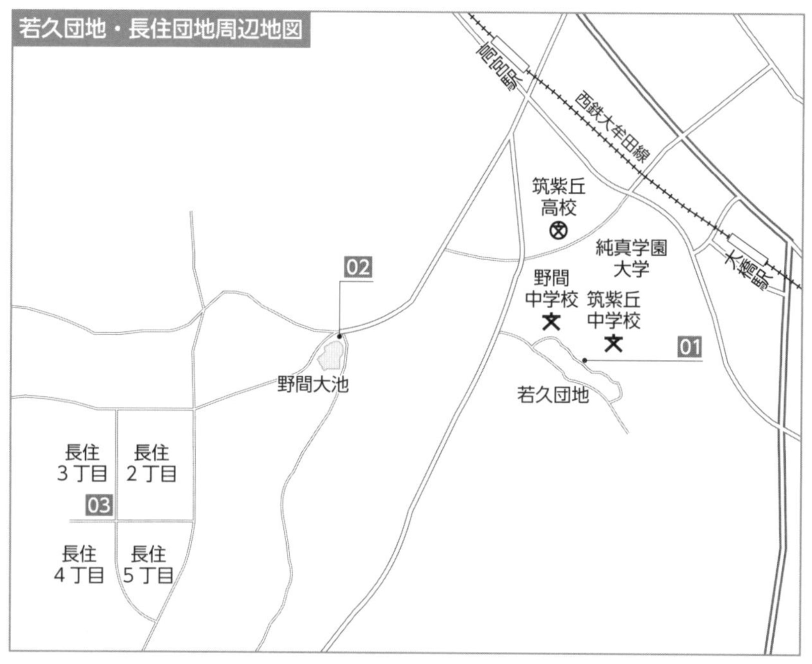

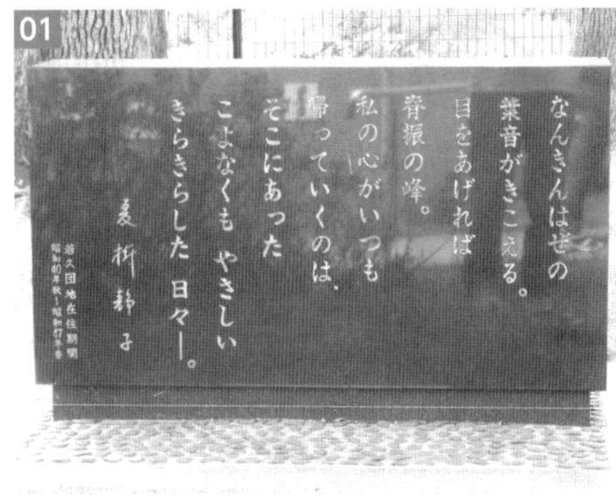

夏樹静子詩碑

夏樹静子（1938～2016）。東京生まれの小説家、「ミステリーの女王」と称される。7年間ほど若久団地に居住。若久団地20周年記念に詩碑が建立された。

「なんきんはぜの葉音がきこえる。
目をあげれば脊振りの峰。
私の心がいつも帰っていくのは、
そこにあったこよなくもやさしい
きらきらとした日々――。」

若久団地5（若久団地第3バス停近く）

清水・干隈線 完成記念モニュメント

野間4丁目（野間大池近く）

アーベイン長住3丁目のモニュメント

長住3丁目（長住4丁目交差点そば）

荒江・七隈・鳥飼・片江周辺

▶荒江・七隈・鳥飼周辺

城南区は、1982年に旧西区が西区・早良区・城南区の3区に分割されて誕生した行政区で、中央区に次いで2番目に狭い区である。油山の麓に位置し、緑豊かな自然環境に恵まれた地域である。

以前、区内にはJR筑肥線が走り、鳥飼駅もあったが、福岡市地下鉄空港線の開通によって姪浜―博多駅間の筑肥線は廃止された。鳥飼駅跡地には現在、城南区役所・城南保健所が建設されている。

その後、地下鉄七隈線が開通し、福岡大学前・茶山駅などが設置されたことで、天神・博多方面へのアクセスはかなり改善された。福岡大学や中村学園大学があることから、若い人の割合が高い地区でもある。

城南保健所前には、博多区冷泉町出身の山崎朝雲作「種痘」(01) と題する接種跡を見つめて安堵している可愛らしい幼い子の像がある。

茶山周辺は、福岡藩の狩場、弓・鉄砲の練習場になっていたという。狩りの途中に黒田の殿様が一服するための茶屋があったことが地名の由来らしい。茶畑が広がっていた訳ではないとのこと。

茶屋は高台にあり、博多湾を一望できる絶景の場所であったらしく、立ち寄った殿様がその眺めの美しさに見とれて帰ることを忘れるほどだったという。そのことからその地は「忘帰台」と名付けられた。「忘帰台」の碑は、末永文化センター館長宅近くにあり、センターの方にうかがわないと探し当てることが困難な状態にある。素晴らしい眺めの忘帰台だが、今では西区マリナタウン・早良区百道地区などの海岸近くまで高層ビルが建ち並び、海を見ることはできない。

国道263号沿いにある福岡荒江郵便局から東へ向う細い道は、「太閤道」だと地元の方に教えてもらった。「太閤道」とは、豊臣秀吉が行軍、または整備したと伝えられる道のことで、関東から西に多い。この道は忘帰台近くの公園の横を走っており、秀吉が肥前名護屋城へ行く際に通行した道とのことだった。

▶宝台団地

当地域では多くの住宅開発が行われた。その1つ、宝台団地造成において発掘調査された宝台遺跡は弥生中期のものであることが判明した。遺跡には、5基の竪穴住居と甕棺を埋葬した墓地も発見された。

当時、この地区にはいくつかの尾根があり、その尾根ごとに5軒ほどの家（竪穴住居）に分かれて住み、日常生活や生産活動は共同で行われていたという。水田耕作、土地開墾なども各尾根の家が集まり、1つにまとまってムラを構成していた。福岡平野における弥生時代のムラの変遷を知る上で重要な遺跡と考えられるという。

この調査で発掘された単式甕棺と合口式甕棺が団地集会所横に展示されている（04）。また、団地集会所の壁面には弥生時代の様子を彷彿とさせるタイル画（03）が描かれている。

▶片江風致公園

片江地区においても片江地区土地区画整理事業が行われた。対象区域は105.9 haとかなり広範囲な開発計画で1973年11月から約13年の歳月をかけ、総事業費約55億円を投じた事業であった。事業完成記念としてモニュメント（06）が早苗田公園内に建立された。

片江土地区画整理事業で開発された地区よりさらに南へ行くと木々が鬱蒼と茂った場所に出る。片江風致公園とある。そこには、「文学の林」として釈迢空（折口信夫）から北原白秋まで20基の文学碑が設置されている（07-1～20）。

これは戦後、福岡の一市民が1 haの土地を購入したところ、多数の大きな石があったことから、これを利用して全国各地に設置されている文学碑の複製をつくることを思い立ち、1978年「日本文学碑公園」として一般公開したものだという。種々資料を見ると、当時は26基の文学碑が設置されていたことがわかった。しかし時間経過とともに風化・劣化が進み、現在確認できるものは20基となっている。開設者が亡くなった後、ご子息が意志を継承したが、その後閉園された。現在は福岡市が管理する。

しかし、どのような管理をされているのかは不明だが、時間経過とともに石碑の文字の劣化、添えられた解説板も破損や損耗がはげしく、文字が判読できないものが多く非常に残念だ。また、これら文学碑のほか「洗心」「居敬尚志」「白龍昇天」など多くの石碑がある。特段の説明書きもなく詳細は不明だが、これらは新しいものらしく、文字ははっきりと読み取ることができる。

当地区では、城南保健所の「種痘」をはじめ26点を掲載する。

01

種痘

山崎朝雲作
鳥飼 5-2-25
（城南保健所）

02

時計塔「はばたき」

第３回緑の都市賞「内閣総理大臣賞」受賞記念として設置。
片江 5-3-25
（城南市民センター）

03

04

宝台団地管理サービス事務所のタイル画と宝台遺跡出土の甕棺

宝台団地 7（宝台団地管理サービス事務所）

05

「子どもと鳩の像」

作者不詳
堤団地 28-1
（サニー堤店裏）

06

福岡市片江地区土地区画整理事業完成記念モニュメント

南片江 6-23
（早苗田公園）

「文学の林」文学碑

南片江 4-41
（片江風致公園内）

07-1

①釈迢空

折口信夫（1887〜1953）。大阪府出身の民俗学者、歌人。
「この冬も老いかゝまりてならの京たきゝの能を思ひつゝゐむ」

07-2

②若山牧水

若山牧水（1885〜1928）は宮崎県生まれの歌人。
「幾山河こえさりゆかば寂しさのはてなむ国ぞけふも旅ゆく」

07-3

③林芙美子

林芙美子（1903〜1951）。山口県出身の小説家。
「花のいのちはみじかくて苦しきことのみ多かりき」

07-4

④佐佐木信綱

佐佐木信綱（1872〜1963）。三重県生まれの歌人、国文学者。
「逝く秋のやまとの国の薬師寺の塔のうへなる一ひらの雲」

07-5

⑤九條武子

九条武子（1887〜1928）。京都府生まれの教育者、歌人。
「おほいなるものゝちからにひかれゆくわかあしあとのおほつかなしや」

07-6

⑥長塚節

長塚節（1879～1915）。茨城県出身の歌人、小説家。
「うつそみの人のためにと菩提樹をこゝに植ゑけむ人の尊とさ」

07-7

⑦与謝野晶子

与謝野晶子（1878～1942）。大阪府生まれの歌人。
「やははたのあつき血潮にふれも見でさひしからすや道を説く君」

07-8

⑧會津八一

會津八一（1881～1956）。新潟県生まれの歌人、書家、美術史家。
「かすかのにおしてるつきのほからかにあきのふゆへとなりにけるかも」

07-9

⑨正岡子規

正岡子規（1867～1902）。愛媛県出身の俳人。「野球（のぼーる）」という雅号を用いたこともある。
「朝寒やたのもとひゞく内玄関」

07-10

⑩斎藤茂吉

斎藤茂吉（1882～1953）。山形県出身の歌人であり、精神科医。
「おのつから寂しくもあるかゆふぐれて雲は大きく谿に沈みぬ」

07-11

⑪北原白秋

北原白秋（1885～1942）。柳川市出身の歌人、詩人、童謡作家。
「雨はふるふる城ヶ島の磯に利休ねすみの雨かふる」

07-12

⑫若山牧水

「かたはらに秋くさの花かたるらくほろひしものはなつかしきかな」

07-13

⑬「沙羅の木」

森鷗外（1862～1922）詩、永井荷風（1879～1959）書。
「褐色の根布川石に白き花はたと落ちたり阿里としも青葉かくれに見えざりしさらの木の花」

07-14

⑭太田水穂

太田水穂（1876～1955）。長野県出身の歌人。
「命ひとつ露にまみれて野をそゆくはてなきものを追ふことくにも」

07-15

⑮太宰治

太宰治（1909～1948）。青森県出身の小説家。「富士には月見草がよく似合ふ」

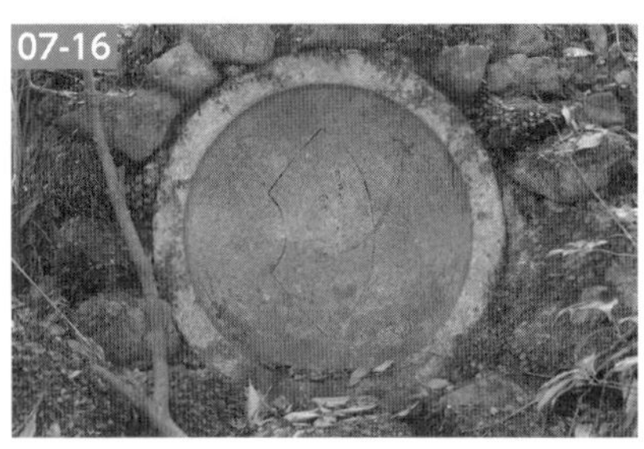

07-16

⑯与謝蕪村

与謝蕪村（1716～1783）。大阪府出身の江戸中期の俳人、文人画家。
「不二ひとつ埋みのこして若葉かな」

07-17

⑰夏目漱石

夏目漱石（1867～1916）。東京都出身の小説家。
「仰臥人如啞　黙然看大空　大空雲不動　終日杳相同」

⑱石川啄木

石川啄木（1886～1912）。岩手県出身の歌人、詩人。
「かにかくに渋谷村は恋しかりおもひでの山おもひでの川」

⑲向井去来

向井去来（1651～1704）。江戸時代前期の俳人。蕉門の１人。
「君が手もまじるなるべし花薄」

⑳北原白秋

「さひしさに秋成かふみよみなし庭にいてたり白菊のはな」

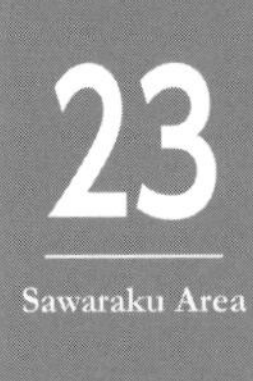

百道・百道浜 室見・次郎丸周辺

▶百道

1977年の「第4次福岡市基本計画」において人口急増に対応するため、百道・姪浜などの埋立造成による住宅地の確保が盛り込まれた。さらに、1981年の「第5次福岡市基本計画」ではより複合的な目的を持った新しい海浜都市の整備が目標とされ、翌年から「地行・百道地区」「小戸・姪浜地区」の埋立事業が開始されて138 haの広大な埋立地が完成した。

埋立地完成から2年後の1989年、当地を会場にアジア太平洋地域をテーマとする地方博覧会「アジア太平洋博覧会（よかトピア）」が3月17日から9月3日までの約6カ月にわたり開催された。

37の国と地域、1000社を越える企業が参加し、43のパビリオン（国内33、国外10）が建設され、目標を超える800万人以上の来場者を迎えて盛大に開催された。この博覧会のシンボルとして建設されたのが、福岡タワーである。

博覧会開催中に展示されたミクロネシアの石の貨幣（07）はそのまま百道中央公園の駐車場近くに現在も継続して展示されている。博覧会終了後、テーマ館は改装されて福岡市博物館として再オープンするとともに、福岡市総合図書館などの文化施設、学校・公園・IT企業・研究所・放送局が立地した。周囲には多くの住宅が開発されたことから、にぎやかな街へと発展した。

福岡市総合図書館前には加藤昭男作「森の詩」（02）、館内の世界の絵本コーナー横に知足院（ともたり）美加子作の「黒田如水像」（03）が設置されており、図書館と博物館の間のサザエさん通りには、流政之作のユーモラスな「BURUDON」（04）が鎮座する。

博物館正面にはフランスの彫刻家エミール・アントワーヌ・ブールデル作の「雄弁」をはじめとする4体の影像（11-1〜4）が堂々と建っている。

TNC放送会館とRKB毎日放送会館にはさまれた広場には、シヴァ神などインドの神々の像10体（09-1〜5、10-1〜5）が左右に分かれて設置されている。作者は不詳という。

百道1丁目のビル群の中、シーサイドももちセンターステージ北側は「エアロギャラリー デューン」と命名された現代アートの展示会場となっており、中央階段広場には韓国女性作家申明銀作「Poodle」（13-1）、階段を上がった広場には、椿昇作の「ウルトラファインド」（13-4）など3点が展示されている。

ふれあい橋そばにはイギリスの彫刻家バリー・フラナガン作の「ミラー・ニジンスキー」（19）がある。

▶西新・室見

鎌倉時代、元の船団が博多湾に襲来した際に築かれた防塁（元寇防塁）が西南学院大学構内にある。近接する西南学院大学1号館1階には元寇防塁移設復元展示コーナーも設置されており、どちらも大学開校時には見学することができる。

また、西新は長谷川町子の漫画「サザエさん」発案の地であり、サザエさんにちなんだ通りやモニュメントがある。西南学院大学図書館横には「町子先生とサザエさん」と題した像（23）が設置されている。

JR筑肥線の廃線によって軌道跡は一般道路となった。室見川にかかっていた鉄橋は、鉄輪のモニュメントをつけた「室見川筑肥橋」（27）と名を変えて、かつての姿を偲ばせながら今なお生き続けている。同様に筑肥線の鉄橋が鉄道ゆかりのモニュメントをつけた「那珂川筑肥橋」が南区那の川1丁目にある（156頁参照）。

室見団地には、室見南公園・西公園が直線的な並びで設置されている。廣瀬孝夫作の「台形の中の有機的な反射面 NO. I」（29）が南公園に、西公園には「台形の中の有機的反射面 NO.Ⅱ」（30）が配置されており、その中間点には原田新八郎作の「SANTOL and EROS」（28）が設置されている。

室見川が流れており、清流を好むといわれるカッパが当地には棲んでいたという。室見川緑地南側にかかる河原橋の両端の欄干に4体のカッパのモニュメントが設置されていたが、現在は左岸の1体のみとなっている（31）。作者は地元の陶芸家らしい。通行する地元の方にうかがうも詳しいことはわからなかった。

当地区は、百道浜、よかトピアサザエさん通りの「BURUDON」をはじめ47点を掲載する。

「向波容」

清水九兵衛作
百道浜 2-3-8（RKB 毎日放送会館東側入口）

「森の詩」

加藤昭男作
百道浜 3-7-1（福岡市総合図書館前）

「黒田如水像」

知足院美加子作。福岡城築城400年記念に際し子供たちに歴史を伝えるために福岡桜ライオンズクラブより寄贈された。
百道浜 3-7-1（福岡市総合図書館）

「BURUDON」

流政之作
百道浜 3-7-1
（福岡市総合図書館前、サザエさん通り沿い）

05

「海生風」

赤堀光信作。新しく誕生したシーサイドももちのシンボルとして設置された。
百道浜 4-5-1
（総合図書館西口交差点から徒歩 1 分）

06

「ウォーターランド」

菊竹清文作。光・風・人の動きによってさまざまな模様をおりなすよう設計されている。
百道浜 3-2（百道中央公園・総合図書館前）

07

石貨

ミクロネシアのヤップ島で現在も使用されている石の貨幣。アジア太平洋博覧会に出品された。
百道浜 3-2（百道中央公園前）

08

「記憶する箱」

マルシアル・ギョー＝ドゥ＝シュドゥ・イロー作。ボルドー市との姉妹都市締結10周年を記念して作者から寄贈された。
百道浜 3-2
（百道中央公園入口からよかとぴあ通りを西へ約 200 m）

インドの神々

百道浜
（TNC放送会館前）

09：福岡タワーに向かって左側
10：福岡タワーに向かって右側

09-1 ブラフマー

09-2 パールヴァティー

09-3 ラクシュミー

09-4 サラスヴァティー

09-5 マリーチ

10-1 シヴァ

10-2 カンダルヴァ

10-3 ガネーシャ

10-4 インドラ

10-5 バイラヴァ

ブールデルの4体のブロンズ像

エミール・アントワーヌ・ブールデル作

百道浜 3-1-1
(福岡市博物館前)

「雄弁」

「力」

「勝利」

「自由」

第十八代福岡市長　福岡市名誉市民

桑原敬一氏像

片山博詞作。桑原敬一（1922～2004）。太宰府天満宮の神職の家系。東京大学卒、労働省事務次官、福岡県副知事。福岡市助役を経て第 29 代市長。

百道浜 3 丁目（福岡市博物館前広場）

シーサイドももちセンターステージ

エアロギャラリー
“デューン”

百道浜 1-7
（マリゾン入口信号そば）

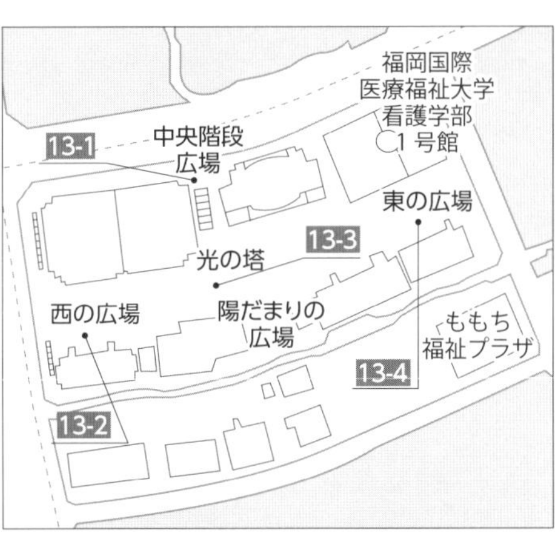

「Poodle」

申明銀作
（中央階段広場）

「ノスタルジア オブ サーキュレーション」

崔在銀作
（西の広場）

「ナイトシーン」

ジャン・フランソワ・ブラン作
（光の塔）

「ウルトラファインド」

椿昇作
（東の広場）

海と太陽の広場のモニュメント

イルカのモニュメント（14）と第10回（1966年度）福岡市都市景観賞を受賞した際の記念碑（15）。16は案内板。

百道浜4丁目（百道浜2号緑地）

よかトピア橋西交差点モニュメント

百道浜1丁目
（よかとぴ橋西交差点そば）

ボンラパス前のモニュメント

百道浜1-2-1
（西新通交差点）

「ミラー・ニジンスキー」

バリー・フラナガン作。兎はロシアの伝説的バレエダンサーのニジンスキーをイメージしたもの。橋のたもとにそれぞれ1体ずつ、計2対設置されている。

百道浜1丁目（ふれあい橋）

磯野広場モニュメント

左から「サザエさん発案の地」碑、岩場に遊ぶカニのモニュメント、磯野広場全景。現在はサザエさん・カツオくん・ワカメちゃんの像と３人のシルエットをあしらったベンチが設置されている。

西新 6-10-58（西新１号緑地）

町子先生とサザエさん

西新 6-2-92（西南学院大学図書館前）

元寇神社

弘安・文永の役で犠牲になったすべての人を供養するために建立された神社。

西新 7-4-1（西南学院大学体育館南側）

元寇防塁跡

1274 年の蒙古襲来を受けた鎌倉幕府の命によって西区今津から東区香椎まで築かれた。

西新 7-4
（西南学院大学体育館南側）

浜の広場モニュメント

百道 1-31
（百道１号緑地）

27

室見川筑肥橋

JR筑肥線の鉄道橋であったことを示す鉄輪がデザインされている。

室見 5-11-20（地下鉄室見駅より徒歩 4 分）

28

「SANTOL and EROS」

原田新八郎作。1975年の福岡大博覧会に展示された作品の１つ。

南庄 4-13-19（室見団地内）

29

30

「台形の中の有機反射面」

廣瀬孝夫作。「台形の中の有機反射面NO. Ⅰ」（29）と「台形の中の有機反射面 NO. Ⅱ」（30）の対となる作品。

南庄 5-5
（室見南公園・西公園）

31

カッパのモニュメント

次郎丸 3-27-62
（室見川河原橋）

姪浜・マリナタウン 西の丘周辺

▶姪浜地区

室見川左岸に位置する姪浜は神功皇后が三韓征伐からの帰途、この地に上陸し衵（あこめ）を洗い干したことから衵ノ浜と称され、その「あこめ」が転訛して「姪浜」と呼ばれるようになったという。衵とは、装束で使われる内着の一種で、正式には衵衣というらしい。

かつて姪浜駅は、JR 筑肥線によって博多駅と結ばれていたが、福岡市地下鉄空港線の運行によって姪浜駅―博多駅間は廃止された。その代わり姪浜駅からは筑肥線・地下鉄の相互乗り入れによって天神とも直結することとなり利便性の向上が図られた。

姪浜駅の南口に降り立つと、大きな青い波にのる金色に輝くうさぎのモニュメント「Dragon King Rabbits」（12）が目に飛び込んでくる。説明書きには、作品のモチーフとなった伝説が書かれている。

中国からの帰国途中の僧は狼に追われるうさぎを救出して船に乗った。その船が玄界灘で暴風雨に遭い難破しそうになったとき、うさぎが荒れる海に身を任せると、ピタリと海が静まり無事帰国することができた。空を見上げるとうさぎはキラキラと輝きながら空高く舞い上がり龍王になった、とある。

明治通りの室見橋を渡り室見川左岸を河口に向うと日本料理とり市がある。店の玄関右手に高浜虚子（1874～1959）がお店で詠んで短冊に書き与えたという「網目の目に消ゆる思ひに白魚哉」が刻まれた句碑（04）が建てられている。

姪浜漁港の一角には事代（ことしろ）神社や福岡市漁業協同組合姪浜支部があり、その駐車場にイルカの霊を祀った海豚之塔（09）がある。

設置された説明板によれば、1950年、博多湾内に入り込んだ大量のイルカを浜の漁師が追い込み捕獲した。戦後の食糧難ということもあり、港は大いに潤った。捕獲したイルカの中には母イルカに抱かれた子イルカもいたという。イルカへの感謝と供養のため、海豚塚を建立したと記載されている。これは、東区箱崎網屋天満宮の鯨塚と同じ趣旨である（25頁参照）。市内のロイヤルマンションのエントランスに設置されているイルカのモニュメントと関連あるのだろうか？

▶マリナタウン

マリナタウンは博多湾埋め立てによるウォーターフロント開発で誕生した住宅地である。

1981年、福岡市が策定した「第5次福岡市基本計画」の中の「21世紀を目指した海浜都市づくり」構想に基づき、1982年から1988年に埋め立てられた地区である。

埋め立てでできた新しい海岸には、人工海浜のマリナタウン海浜公園と防風林を設置し、それを挟んで高層マンション群、旧海岸沿いには戸建住宅・学校・公園・緑道を配置し、極力商業施設を排した都市計画的となっている。このため、都心にありながら閑静な環境を保持されている。姪浜・小戸地区の埋立には県庁の移転に伴い、旧庁舎解体時にでたコンクリート廃材が利用された。

高層マンション群は、ウェーブコースト、イーストコートと名付けらている。ウェーブコースト内には、宮崎道子作の「三角からなる柱」（01）が、イーストコート内には円錐形のモニュメント（02）と石柱のモニュメント（03）がある。

▶西の丘

西の丘は、生の松原土地区画整理事業によって造成された住宅地である。

施工区域40.6 ha、施工期間1993年から2000年の7年の年月を要して完成したものである。事業完成を記念したモニュメント（13）が西の丘中央公園に設置されている。

当地区は、西福岡マリナタウンウエーブコート7番館前の宮崎道子作「三角からなる柱」をはじめ13点を掲載する。

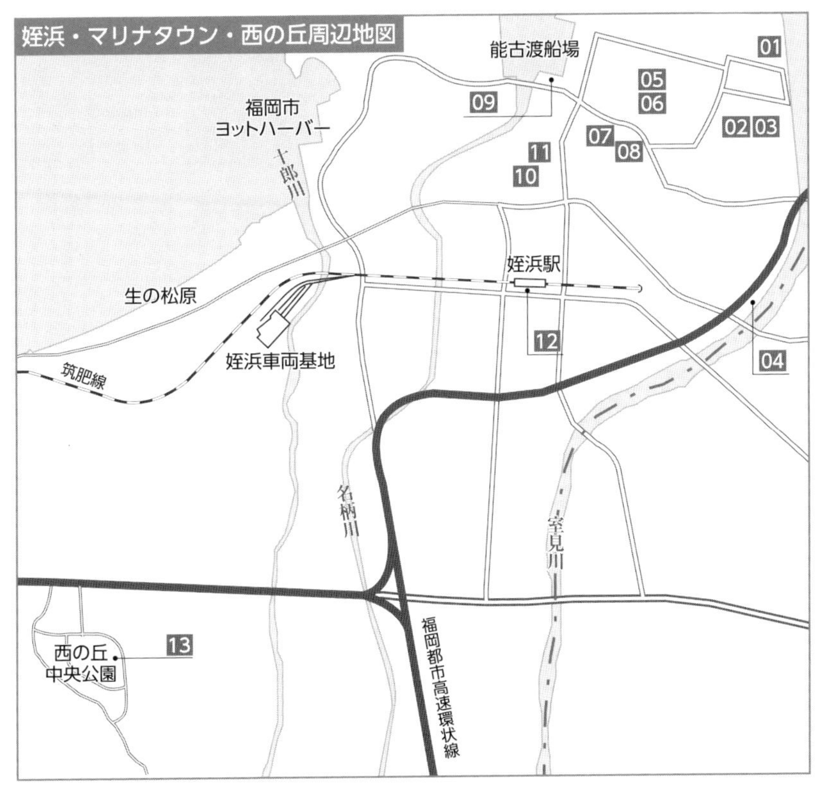

「三角からなる柱」

宮崎道子作。1995年ユニバーシアード福岡大会を記念して設置されたもの。

愛宕浜 2-2-7
（西福岡マリナタウンウェーブコースト7番館前）

マリナタウンモニュメント（円錐）

愛宕浜 2-1-3
（西福岡マリナタウンイーストコースト3号棟）

マリナタウンモニュメント（柱）

愛宕浜 2-1-3
（西福岡マリナタウンイーストコート3号棟）

高浜虚子句碑

高浜虚子（1874～1959）。愛媛県生まれの俳人、小説家。
「網の目に消ゆる思ひの白魚哉」

愛宕浜 3-1-6
（日本料理とり市）

イルカのモニュメント

愛宕浜 4-10（愛宕浜南公園）

マリナ通りのモニュメント

姪浜 2-28（マリナタウン南交差点付近）

萬霊塔と海豚之塔

昭和25年、地元の漁師たちは博多湾内に入り込んだイルカ三十数頭を捕獲した。戦後の食糧難もあり、多くの利益を得た漁師たちが、イルカへの感謝と供養を込めて建立した鎮魂碑。

愛宕浜 4-49-2
（福岡市漁業協同組合姪浜支所駐車場そば）

河童のモニュメント

姪浜 3-5-5
（姪浜住吉神社）

亀井南冥生誕地

亀井南冥（1743～1814）。江戸時代の儒学者。甘棠館初代館長。志賀島で発見された金印の同定者でもある。

姪浜 3-14（姪浜小学校西交差点から徒歩 4 分）

12

「Dragon King Rabbits」

吉水浩作

姪浜南 1
(地下鉄姪浜駅南側広場)

13

福岡市生の松原
土地区画整理事業
竣工記念

西の丘 3-13
(西の丘中央公園)

能古島・九大学研都市・唐泊

▶能古島

能古島は博多湾内に浮かぶ、南北約3.5 km・東西約2 km・周囲約12 km・面積約3.9 km^{2}の小さな島である。姪浜渡船場から定期船が運航しており約10分という近さに位置する。当地は能古うどんが有名だが、「かいわれ大根」を全国に広めた地としても知られる。もともと、かいわれ大根は大阪の一部で食されていた食材だったが、前田瀧朗氏が持ち帰り海砂を使用した栽培法で量産化に成功し、全国に広まったとされる。

能古島北部には民間が開発した自然公園のこのしまアイランドパークがある。ナノハナ・サクラ・コスモス・スイセンなどの四季折々の花が咲き誇り、花の名所として名高い。

能古島北端の也良岬に山上憶良が詠んだ「沖つ鳥鴨とふ船の還り来ば也良の﨑守早く告げこそ」（巻16-3866）の歌碑（01）がある。この歌を根拠に、飛鳥時代から平安時代初頭にかけて配置された防人の配属地を推定できる全国唯一の場所と言われている。このほか、能古島には永福寺境内と百田氏邸前に万葉歌碑（03、04）が設置されている。

また、『リツ子　その愛』『火宅の人』などで知られる小説家の檀一雄（1912～76）が晩年の1974年に能古島へ移住している。しかしその翌年、悪性の肺がんが見つかり九州大学病院に入院。加療しながら作家活動を継続するも、2年後の1976年1月に逝去した。その後、檀一雄文学碑が建立された。

▶九大学研都市

当地は、福岡市西部の新たな拠点づくりと九州大学の玄関口にふさわしい市街地整備を目的として、1997年から伊都地区土地区画整理事業が行われた。対象地域は約130.4 ha、事業総額407億円。都市計画道路の建設、鉄道の高架化、駅の新設、公園整備、住宅地の供給などが事業の主な内容となっている。

JR筑肥線九大学研都市駅前にその事業完成記念碑（05）が建つ。高さの違う3本の柱はそれぞれ事業区内の3つのゾーンを表し、「センターゾーンを『にぎわい，交流』，教育ゾーンを『学び，文化』，古墳・住宅のゾーンを『自然，歴史』といったテーマを基に，過去から未来に向けて一歩ずつ発展していくことをイメージしている。3本の柱のラインは，伊都に吹く新しい風を表現し，鳥は大空（未来）への羽ばたきをイメージしている」とある。

▶唐泊

唐泊地区は玄界灘に突き出た糸島半島の北東部に位置する。唐泊漁港は博多湾に面した釣り場のポイントとして知られている。唐泊は、古くから天然の良港と知られ、朝鮮半島に向けて船出する遣隋使船や遣唐使船が良好な風が吹くのを待った風待ちの地でもある。そのため、渡航者ための宿が多くあったことから「韓亭（からとまり）」と呼ばれた。このことは万葉集にも度々詠われている。

唐泊漁港の山手側の高台に臨済宗妙心寺派の禅寺東林寺がある。東林寺は、2度目の入宋から帰国した栄西が当地に立ち寄り建立した寺とされており、宋の東林寺の立地に似ていたことから寺名にしたと伝えられている。境内には「からとまり能許の浦波立たぬ日はあれども家に恋ひぬ日はなし」（巻15-3670／作者不詳）の歌碑（06）が建立されている。

また、唐泊漁港そばの唐泊地域漁村センターには、安倍継麻呂が詠んだ「大君の遠の朝廷と思えども日長くしあれば恋ひにけるかも」（巻15-3668）をはじめ6人の歌を刻んだ万葉歌碑（07）が建てられている。

当地区では、能古島也良崎に建つ山上憶良が詠んだ歌の万葉歌碑をはじめ7点を掲載する。

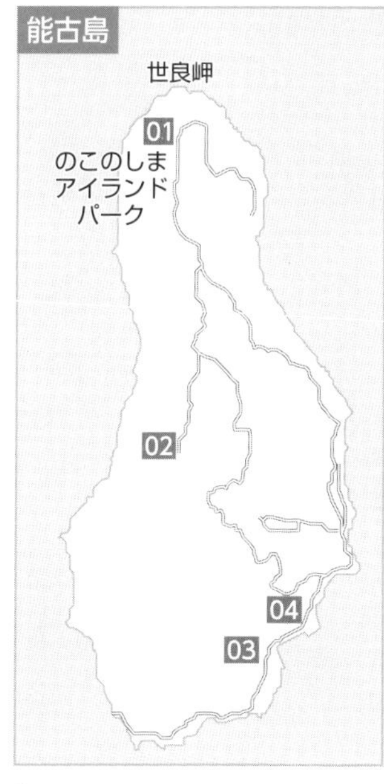

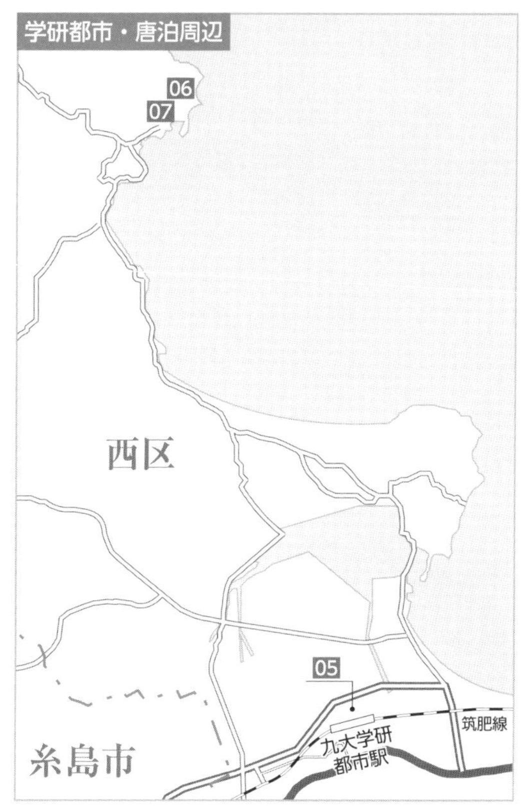

万葉歌碑

「沖つ鳥鴨とふ船の還り来ば也良の崎守早く告げこそ」
巻16-3866／山上憶良
（能古島也良岬）

進藤一馬句碑

進藤一馬（1904〜1992、123頁参照）
「美しの島　能古」
「春霞玄界志賀や能古の海」
（能古島自然探勝路）

03

万葉歌碑

「沖つ鳥鴨といふ船は也良の埼廻みて漕ぎ来と聞こえ来ぬかも」
巻 16-3867／作者：山上憶良
能古（個人宅前）

04

万葉歌碑

「可是布気婆
於吉都思良奈美
可之故美等
能許能等麻里尓
安麻多欲曽奴流」
巻 16-3673
作者不詳
能古（永福寺）

05

伊都土地区画整理事業完成記念碑

北原 1-2
（JR 九州筑肥線九大学研都市駅北口）

06

万葉歌碑

「からとまり能許の浦波立たぬ日はあれども家に恋ひぬ日はなし」
巻 15-3670／作者不詳
宮浦（東林寺境内）

07

万葉歌碑

「大君の遠の朝廷と思れど日長くしあれば恋ひにけるかも」
（巻 15-3668／安倍継麻呂）
「旅にあれど夜は火ともし居るわれを闇にや妹が恋ひつゝあるらむ」
（巻 15-3669／壬生宇太麻呂）
「韓亭能許の浦波立たぬ日はあれども家に恋ひぬ日はなし」（巻 15-3670／作者不詳）
「ぬばたまの夜渡る月にあらませば家なる妹に逢ひて来ましを」
（巻 16-3671／作者不詳）
「ひさかたの月は照りたりいとまなく海人の漁火はともし合へり見ゆ」
（巻 16-3672／作者不詳）
「風吹けば沖つ白波恐みと能許の亭に数多夜そ寝る」（巻 16-3673／作者不詳）
宮浦（唐泊地域漁村センター）

モデルコース

★は本書未掲載

①博多歴史の散歩道

金印（国際都市ふくおか） （博多駅前１丁目）	国宝に指定されている金印のレプリカ。大博通りの歩道上には、このほかに緑釉掻落し唐草文様梅瓶や犬と騎馬人像などのレプリカや写真パネルが展示されており、博多の歴史を見ることができる。
三角縁神獣鏡（古墳時代） （博多駅前１丁目）	鏡の縁の断面が三角形になっており、背面に神と獣が刻まれていることから名付けられた。日本で最も多く出土している銅鏡だが、中国・朝鮮半島での出土例はない。邪馬台国の謎をとく手がかりとして注目される。
博多千年門 （博多駅前１丁目）	「博多名所図絵」に大宰府政庁へ向う官道の、博多の出入口として「辻堂口門」が描かれていた。それに倣い2014年３月に建設されたもの。四脚門様式切妻本瓦葺。観光客を迎えるウエルカムゲート。
饂飩・蕎麦発祥の地 （承天寺）	承天寺を開いた円爾（聖一国師）は、中国から製粉技術を持ち帰り、うどん・蕎麦・饅頭などの粉食文化を全国に広めたとされる。このほか、同寺には「山笠發祥之地」碑や「蒙古碇石」などがある。
絆の車止め （博多駅前１丁目）	姉妹都市を締結するオークランド（アメリカ）、ボルドー（フランス）、広州（中国）、オークランド（ニュージーランド）の４都市名を刻んだ円柱形の車止め。胴には太い綱が結ばれており、絆の強さを物語る。
山笠のモニュメント （祇園町）	地下鉄祇園駅へ降りるエレベーター乗り場の屋根が博多祇園山笠の山笠台となっている。肩に担う６本の舁き棒が大きくせり出しており今にも走り出しそうな雰囲気である。
ういろう伝来地 （妙楽寺）	博多の古刹の１つ妙楽寺は「ういろう」伝来の地と伝わる。同寺には博多塀が残るほか、黒田家の重臣や博多の豪商神屋宗湛の墓が祀られている。
博多塀 （御供所町）	瓦礫を塗りこんで築造した塀で、豊臣秀吉の命によってつくられたとされる。聖福寺・妙楽寺・櫛田神社・楽水園でも見ることができる。

②博多駅前エリア

『着衣の横たわる母と子』 ヘンリー・ムーア作 （博多駅中央街）	イギリス出身の20世紀を代表する彫刻家の1人。「母と子」「横たわる人体」を生涯のテーマとして追及した。福岡市制100周年を記念して市民の基金で設置されたもの。
『黒田節』 米治一作 （博多駅中央街）	富山県出身の工芸科・彫刻家。高村光雲に師事した。西公園の光雲神社にある「母里但馬守太兵衛友信像」は、博多人形師中ノ子富基子作である。
『博多節舞姿』 安永良徳作 （博多駅中央街）	神奈川県出身の彫刻家。博多人形や博多織を取り扱う松居が創業85周年を迎えたことと、明治100年を記念して、昭和43年に福岡市へ寄贈した。
『エンジェルポスト』 中村信喬作 （博多駅中央街）	博多人形師中村信喬作の赤いハート形をした郵便ポスト。隣に建つJR博多シティ屋上の「つばめの杜ひろば」には、「縁結び七福童子」や「KAZE~KEKKO」など多数の作品が展示されている。
『金のカエル』 籔内佐斗司作 （JR博多シティ）	カエルは古来縁起物のシンボルとして好まれ、各地に祀った所がある。「無事帰る」「福かえる」などと祈るように、JR博多シティの外の柱に人目に触れないようひっそりとへばりついている。
『Hello and Good by』 鎌田恵務作 （中比恵公園）	山梨県出身、福岡在住の彫刻家。本作品は噴水彫刻で、水がたたえられているのが本来の姿だが、現在は噴水として使用されていないようだ。また、同じ公園内に原田新八郎作「明日を創る人」がある。
地下鉄祇園駅の エレベーター入り口 （祇園町）	地下鉄祇園駅へ降りるエレベーター乗り場の屋根が博多祇園山笠の山笠台となっている。肩に担う6本の舁き棒が大きくせり出しており今にも走り出しそうな雰囲気である。
絆の車止め （博多駅前1丁目～）	姉妹都市を締結するオークランド（アメリカ）、ボルドー（フランス）、広州（中国）、オークランド（ニュージーランド）の4都市名を刻んだ円柱形の車止め。胴には太い綱が結ばれており、絆の強さを物語る。

③県庁エリア

★『海』・『山』 田崎廣助作 （県庁１階県民ホール）	八女市立花町出身の洋画家。坂本繁二郎・安井曾太郎に師事。文化勲章受章者。山:大宰府政庁の北東に聳える宝満山、海:古来より海域交流の要所として栄えた博多湾が描かれている。
『亀山上皇像』 山崎朝雲作 （東公園７）	「亀山上皇像」は山崎の代表作の１つといわれる。鋳造に 20 年近くを要し 1940 年に完成した。像高は 4.84m。山崎朝雲作の彫塑は「桂の影」、「種痘」がある。
『神の手』 カール・ミレス作 （馬出３丁目）	九州大学医学部正門から入ってすぐの芝生の広場に建つ。九州大学医学部創立 75 周年記念庭園の築造にあたり、医学部同窓会有志らの尽力により設置された。大学構内には初代学長以下、５人の胸像などもある。
長塚節逝去の地碑 （馬出３丁目）	長塚節は茨城県出身の歌人・小説家。咽頭結核を患い、名医として知られた九州帝国大学の久保猪之吉教授を頼って入院。いったん回復し退院するも再発し、死去した。辞世の歌が終焉の地と記した碑に刻まれている。
『崇高な精神』 石川幸二作 （馬出３丁目）	福岡県出身の彫刻家、九州大学芸術工学部教授。教育・研究のために献体したすべての御霊に対し感謝と尊敬を表すものとして設置された。歯学部前のモニュメント「口腔の健康が世界を救う」も同氏の作品。
『メロディー』 ラヴィーナ・ラスト作 （千代２丁目）	博多警察署千代交番前に建つ。近くには、石堂橋欄干のレリーフや西門橋のモニュメントなどがある。
濡衣塚 （千代３丁目）	もともとは聖福寺西門近くにあったが、江戸時代に石堂橋のたもとに移され、近年道路整備によってさらに南に移動した。康永三（1344）年の銘がある。
八丁へ （中呉服町）	魚問屋「西濱屋」の主人西頭徳蔵の屋敷の塀の長さが八丁もあったことから、自らを「八丁兵衛」と名乗っていた。しかし、盟友でもあった聖福寺の仙厓和尚がお前には「八丁兵衛」はもったいない!「八丁屁（へ）」が丁度良い!と言ったとか。徳蔵も「八丁へ」が気に入り、名乗っていたという。仙厓和尚に「八丁へ」を揮毫してもらって墓碑を作成し、当時としては珍しい生前葬をひらいたという。

④明治通り・天神エリア

『プリマヴェーラ』 エスター・ワートハイマー作 (福岡市役所西側ふれあい広場)	ポーランド出身の彫刻家、カナダに移住後モントリオールで過ごす。躍動感あふれる優美な女性像を得意とする。プリマ・ベーラはイタリア語で「春」の意。優しい春の日差しのように市民を向かえている。
『プリーズ・リクエスト』 黒川晃彦作 (福岡市役所西側ふれあい広場)	東京都出身の彫刻家。楽器を手にした男性像で屋外展示彫刻を多く手がけている。隣接する天神中央公園には、かつて福岡県庁があったことを示すモニュメントや正面玄関で使用されていた柱などが展示されている。
飲酒運転撲滅を誓うモニュメント 長谷川法世原案 (福岡市役所西側ふれあい広場)	飲酒運転によって幼い子ども3人が犠牲となった交通事故を契機に、飲酒運転撲滅の機運が盛り上がりを見せて設置となった。
『恋人たち』 オシップ・ザッキン作 (天神2丁目)	ベラルーシ出身の彫刻家。渡仏して、ピカソ・藤田嗣治らエコール・ド・パリの芸術家と親交を持つ。西鉄福岡（天神）駅北口を出た正面にある。
『春を奏でる』 中村晋也作 (警固公園)	現代具象彫刻を代表する作家の1人で、2002年に文化勲章を受章。大阪城の「豊臣秀吉公」像や鹿児島中央駅の「若き薩摩の群像」など歴史上の人物像も多く手がける。警固公園で、爽やかな春を思わせる姿で佇んでいる。
『想』 本郷新作 (福岡銀行本店)	札幌市出身の彫刻家。日本美術協会創設に参画。福岡銀行本店には、前庭に木内克「裸婦」をはじめ5点、店舗内には高田博厚「水浴」など6点と、多くの彫刻が展示されており、ゆっくり鑑賞することができる。
『平和の門』 松永真作 (天神西交差点歩道広場)	東京出身のグラフィックデザイナー。幼少期を筑豊や京都で過ごした。西鉄グランドホテル前に「顔が西向きゃ尾は東」など5点が展示されている。
『希』 朝倉響子作 (西鉄グランドホテル)	東京出身の彫刻家。父は彫刻家の朝倉文夫、姉は舞台美術家の朝倉摂。当初、西鉄グランドホテル大分に設置されていたが、ホテル大分の閉鎖に伴って移設された。このほか、オープン以来展示されている「舞妓の錦織」などが展示されている。

⑤博多リバレイン・渡辺通エリア

『瑞雲』 吉水浩作 （博多リバレイン）	博多リバレインには、多くの現代アートが展示されている。ホテルオークラ福岡の東側壁面に展示されている吉水浩「瑞雲」のほか、方振寧の「東方の星」など、9点を鑑賞することができる。
『那の津幻想』 豊福知徳作 （下川端３丁目）	久留米出身の彫刻家。福岡美術協会会長、理事長を務める。博多座前バス停に設置されていたが一時撤去され、最近再設置された。
『歩く・生きる・昇る』 冨永朝堂作 （天神１丁目）	博多区冷泉町出身の彫刻家。長らく大宰府市に住まう。この像は、第二次世界大戦で荒廃した福岡の復興事業として施工された福岡都市計画戦災復興土地区画整理事業の完成記念として建立されたもの。
『エレベーション』 ジョルジュ・シャンパンティエ作 （西中洲）	大同生命ビルのエントランスに展示。近接する水上公園には、新宮晋「風のプリズム」安永良徳「ホウオウ」が展示されている。
『微風』 高倉準一作 （中洲４丁目）	福岡県出身の彫刻家。高倉準一の作品は県内の小中学校に多数あるというので、見た人も多いかも。那珂川河畔に佇む少女の像。
『三人舞妓』 小島与一作 （中洲４丁目）	博多人形「三人舞妓」を3倍に拡大したもの。大正14年、38歳のときパリ万博現代装飾美術工芸博覧会の国際舞台に農商務省指名により、原型人形を制作出品。銀賞の栄誉に輝いた。
『リトルガールⅢ』 リン・チャドウイック作 （天神１丁目）	イギリスで最も影響力を持つ彫刻家の１人。人間をモチーフとして、金属を利用した鋭角的な面取りを用いた表現で知られる。近くには、「バランスアンドオリエンテーション」「カバの親子」などがある。
『円の構造』 内田晴之作 （渡辺通り４丁目）	静岡県出身の彫刻家。ステンレスチールを使用したモニュメントや彫刻がパブリックな空間に数多く設置されている。本作品は渡辺通り沿いのリッチモンドホテル前にある。

⑥大濠公園エリア

平和台野球場 モニュメント （城内）	今なお高い人気を誇る西鉄ライオンズのホーム球場として使用された平和台球場をあしらったモニュメント。ドーム球場の完成とともにその役割を終えて閉鎖され、現在は広場に。旧野球場入口に設置されている。
『3 つの帽子』 草間彌生作 （あいれふ）	長野県松本市出身の彫刻家・ファッションデザイナー。「前衛の女王」との異名も。文化勲章受章者。福岡市美術館の「南瓜」は、80 年代以降の主要なモチーフとなっている。
『踊女』 冨永朝堂作 （大手門パインビル）	博多区冷泉町出身の彫刻家。当ビル前には、冨永朝堂監修、竹中正基・吉塚隆一制作「慈極」も設置されている。
樹齢 300 年のケヤキ （FFG 本社前庭）	幹は細いが 2 度の株立ちを経ている。コアサンプル調査、DNA 分析、C14 放射線同位体分析結果から、樹齢約 300 年と判明した。FFG 本社には菊竹清文「Double Fantasy」のほか、博多人形の「二十四騎像」がある。
★ 『恋人たち』 ジャコモ・マンズー作 （福岡市美術館）	作者はイタリア出身の彫刻家で、ロダンにあこがれて渡仏するがすぐに帰国。ミラノに定住する。1984 年には日本各地で展覧会が開催された。このほか、美術館のテラスやロビーにも多くの作品が展示されており、自由に閲覧できる。
人面車止め （西公園）	違法駐車等を取り締まるかのような、いかめしい顔をした「人面車止め」。このほかにも、西公園内には「サクラの花」の車止め、博多区大博通りには「絆の車止め」がある。
平野国臣銅像 （西公園）	江戸末期の福岡藩尊皇攘夷派の武士で、西郷隆盛をはじめとした薩摩藩士、真木和泉、清河八郎らと倒幕論を広めた。平野の熱い思いを詠んだ歌に「我胸の燃ゆる思いにくらぶれば烟はうすし桜島山」がある。
★ 『タラーク』 柴田善二作 （南公園）	福岡市出身の彫刻家。福岡教育大学教授。福岡市動植物園内アラビアオリックス舎横に設置。台座に虚空蔵菩薩を意味する「タラーク」の梵字が刻まれている。このほか、同氏の作品である「カバの親子」が大丸福岡天神店エルガーラ・パサージュ広場に展示されている。

⑦百道浜エリア

『黒田如水像』
知足院美加子作
（福岡市総合図書館）

黒田如水（1546~1604）は戦国時代から江戸前期の武将で福岡藩祖とされる。作者の姓である知足院とは、日本三大修験山の１つ英彦山の山伏を先祖に持つ姓であるとのこと。

『BURUDON』
流政之作
（百道浜３丁目）

長崎県出身の彫刻家・作庭家。父親は政治家で立命館創設者の中川小十郎。彫刻は独学で学んだという。同氏の作品の「サキモリ」がホテルニューオータニ博多に、「MOHDON」が代々木ゼミナール福岡校前にある。

『ウォーターランド』
菊竹清文作
（百道中央公園）

その名の通り噴水を兼ねた作品だが、現在は噴水として使用されていないようである。作者は久留米市出身の彫刻家。菊竹氏の作品は「THE WOLD」、「スターゲイト」など、市内に多く設置されている。

インドの神々
（百道浜２丁目）

TNC放送会館とRKB毎日放送会館の間の広場に、シヴァ・ガネーシャ・ブラフマーなどインドの神々の像が左右５体づつ整然と並ぶ。近くには清水九兵衛「向波容」がある。

４体のブロンズ像
エミール・アントワーヌ・ブールデル作
（福岡市博物館）

福岡市博物館の正面左手に大きな４体（雄弁・力・勝利・自由）が並んで建っている。作者はフランスの彫刻家。前に広がる芝生広場には片山博詞作の「桑原敬一氏像」がある。

『ノスタルジアオブサーキュレーション』
崔在銀作
（エアロギャラリー“デューン”）

作者は韓国生まれの女性現代アート作家。「生命」「時間」をテーマにしたインスタレーション・彫刻・映画など幅広く活動。このほか、エアロギャラリー“デューン”には４点の作品が展示されている。

『松の実』
外尾悦郎作
（地行中央公園）

本作品も噴水彫刻だが、噴水としては使用されていないようである。作者は福岡市博多区出身の彫刻家。スペインバルセロナへ渡り、2013年からサグラダ・ファミリア主任彫刻家を務める。

『木の精』
ドルヴァ・ミストリー作
（地行中央公園）

インド西部グシャラート出身の彫刻家。1981年渡仏、その後、イギリスにおいて制作活動を行う。また、同公園内にはニキ・ド・サンファール「大きな愛の鳥」がある。

⑧文学碑を歩く

★ 鹿児島寿蔵句碑（聖福寺）	鹿児島寿蔵（1898～1982）は福岡市出身の人形作家でアララギ派の歌人。正月に皇居で開催される歌会始の選者でもある。1968年1月12日行われた歌会始のお題「鳥」を詠んだ応制歌を刻んだ歌碑がある。
▼	
加藤司書公歌碑（冷泉町）	福岡藩家老。月形洗蔵らとともに勤皇派の中心人物として活躍したが、乙丑の獄で切腹に処せられる。戦前、西公園内に銅像があったが、現在は歌碑に改修された台座のみが残る。
▼	
枯野塚（馬出5丁目）	郷土出身の俳人哺川が松尾芭蕉の高弟向井去来から芭蕉の辞世の句を贈られたことに感謝して1700年に建立したもの。芭蕉の墓碑と句碑がある。
▼	
鹿児島寿蔵歌碑 高浜年男句碑（櫛田神社）	高浜年尾は高浜虚子の長男として東京で生まれる。ホトトギス派の俳人。櫛田神社境内には、櫛田の大銀杏や蒙古碇石などがある。
▼	
「五足の靴」文学碑（川丈旅館）	与謝野鉄幹・北原白秋・木下杢太郎・吉井勇・平野万里の5人が九州を旅することに。その九州第1泊目の宿がこの川丈旅館で、旅館前に吉井が詠んだ歌を刻んだ「五足の靴」文学碑が建つ。
▼	
原田種夫文学碑（中洲1丁目）	福岡市出身の小説家・詩人。火野葦平・劉寒吉らと第2期「九州文学」を発行。芥川賞・直木賞候補に数度あがる。この文学碑には「人間」と題する詩が刻まれている。
▼	
山頭火句碑（KBC九州朝日放送前）	山口県防府市出身の自由律俳句の俳人。全国を放浪して作句する。近くには松尾伊知郎「長浜4899」、大貝滝雄「風の追憶」などがある。
▼	
大隈言道 吉岡禅寺洞句碑（今泉公園）	大隈言道は江戸後期の歌人。野村望東尼夫妻も師事した。住まいを「ささのや」と称したことから、「ささのや園」として歌碑等が設置、整備された。吉岡禅寺洞は福岡市出身の自由律の俳人。東区箱崎の菩提寺でもある一光寺にも句碑がある

⑨江戸の学び舎めぐり

人参畑塾跡 (博多駅前４丁目)	高場乱が開いた私塾「興志塾」跡。多くの人物に影響を与えたといわれ、その中には頭山満・中野正剛・広田弘毅などがいる。福岡藩薬用人参畑跡地にあったことから「人参畑塾」と呼ばれるようになった。
▼	
西南学院大学発祥の地 (赤坂１丁目)	創設者C・K・ドージャーは私立学校教育施設の必要性を訴え、1916年に福岡バプテスト神学校校舎跡地に私立西南学院を開校。男子生徒104人、教師９人でスタートした。
▼	
福岡藩校 東学問所修猷館跡 (赤坂１丁目)	第７代藩主黒田治之の遺命によって、東西２校の学問所が1784年に設置された。修猷館では朱子学のほか国学が講じられ、和歌や和文の創作も行われた。初代館長は藩儒の筆頭格の竹田定良。
▼	
福岡藩校 西学問所甘棠館 (唐人町３丁目)	甘棠館では主に徂徠学が講じられた。1798年、大火により学舎が消失。「寛政異学の禁」によって朱子学が主流となったことにもあり、以降再開されることはなかった。初代館長は金印を鑑定した亀井南冥。
▼	
『青陵乱舞の像』 (六本松４丁目)	旧制福岡高等学校から九州大学教養部に至る頃まで、同行前に設置されていた像。当初は「青陵の泉」だったが、土地の改変によって改名された。手ぬぐいを手に校歌を歌いながら乱舞する３人を表現している。
▼	
貝原益軒像 (今川２丁目)	江戸前期の儒学者、本草学者。『筑前続風土記』、「養生訓」など多くの書物を著す。机に向って学問に没頭する座像で、菩提寺の金龍寺にある。
▼	
★ 不狭学舎跡 (今川２丁目)	正木昌陽が、修猷館の本官を務めながら開いた私塾。人参畑塾の高場乱とともに、福岡の双璧をなす学者として讃えられている。
▼	
平尾山荘 (平尾５丁目)	江戸末期の女流歌人で勤皇家であった野村望東尼が隠棲した山荘。勤皇派武士をかくまったり、密会の場所として提供したりした。病に倒れた高杉晋作を看病し看取ったことでも知られる。望東尼の像と歌碑がある。

⑩江戸の武士・町人が暮らした場所

神屋宗湛 島井宗室屋敷跡 （奈良屋町・中呉服町）	神屋宗湛屋敷跡は豊国神社境内に、島井宗室屋敷跡は中呉服町の昭和通り沿いに残る。近くの蔵本交差点には、旧十八銀行のレリーフが、天神北ランプ入り口の高速の橋脚には山笠のレリーフがある。
大同庵・古渓水 （奈良屋町）	京都大徳寺の僧蒲庵古渓が博多へ追われることとなった。その際博多での住まいを「大同庵」といった。のちに許されて京へ帰ることとなった古渓は、感謝の証として井戸を掘った。この井戸を「古渓水」といった。
母里太兵衛屋敷跡 （天神２丁目）	戦国時代から江戸前期の武士。黒田家家臣二十四騎の一人で特に重用された。槍術に長けた武士で黒田節に歌われる名槍「日本号」を福島正則から呑み取ったというエピソードがある
西郷南洲翁隠家之跡 （舞鶴１丁目）	安政の大獄で幕府に追われた西郷隆盛（南洲）と勤王僧月照が鹿児島へ逃亡の途中、福岡で立ち寄った場所。
黒田藩濱町別邸跡 （舞鶴３丁目）	別邸は明治時代になって造られたものらしい。近くの「あいれふ」にはキース・ヘリング「無題」、草間彌生「三つの帽子」が展示されている。
黒田如水公 御鷹屋敷跡 （城内）	黒田如水は戦国時代の武将で、筑前黒田藩の藩祖。長政に家督を譲ったあと、隠居した如水が住んでいたとされる屋敷跡。
貝原益軒屋敷跡 （荒戸１丁目）	江戸前期の儒学者、本草学者。『筑前続風土記』、「養生訓」など多くの書物を著す。机に向って学問に没頭する座像で、菩提寺の金龍寺にある。
平尾山荘 （平尾５丁目）	江戸末期の女流歌人で勤皇家であった野村望東尼が隠棲した山荘。勤皇派武士をかくまったり、密会の場所として提供したりした。病に倒れた高杉晋作を看病し看取ったことでも知られる。望東尼の像と歌碑がある。

作者略歴・索引

菊竹清文（1944〜）
福岡県出身の彫刻家。中央大学工学部卒。長野冬季五輪の聖火台などを手がける。 ▶ 42,86,87,114,116,172

キース・ヘリング（1958〜1990）
アメリカ出身の画家。アメリカ現代美術の代表的作家。 ▶ 113

木内克（1892〜1977）
茨城県出身の彫刻家。パリに渡り１年ほどブールデルに師事した。 ▶ 89,90

草間彌生（1929〜）
長野県出身の前衛芸術家。「前衛の女王」の異名を持つ。ファッションデザイン・小説執筆なども行う。 ▶ 113

グレゴリウス・シッダルタ・スーギョ（1932〜）
インドネシア出身の彫刻家。 ▶ 97

クレメント・ミドモア（1929〜2005）
オーストラリア出身の彫刻家。 ▶ 117

黒川晃彦（1946〜）
東京都出身の彫刻家。楽器を手にした人物の野外彫刻を多数制作。 ▶ 87

桑原巨守（1927〜1993）
群馬県出身の彫刻家。東京美術学校（現東京藝術大学）卒。女子美術大学名誉教授。 ▶ 90,91

高鶴元（1938〜）
福岡県出身の上野焼の陶芸家。 ▶ 148

小島与一（1886〜1970）
福岡県出身の博多人形師。日本画学んだのち、博多人形師となる。 ▶ 72

小田部泰久（1927〜2008）
福岡県出身の彫刻家。東京藝術大学卒。 ▶ 27,72

米治一（1896〜1985）
富山県出身の彫刻家。東京美術学校（現東京藝術大学）卒。 ▶ 40

コルネリス・トルースト（1697〜1750）
18世紀のオランダの画家。 ▶ 103

さ

佐藤忠良（1912〜2011）
宮城県出身の彫刻家。本の装丁などのほか『大きなかぶ』の挿絵なども手がける。 ▶ 89,91

サンドロ・ボッティチェリ（1445〜1510）
初期イタリア・ルネッサンスの代表的画家。 ▶ 105,106

柴田善二（1936〜2023）
福岡県出身の彫刻家。東京藝術大学大学院修了の彫刻家。福岡教育大学教授。 ▶ 97

師村妙石（1949〜）
宮崎県出身の書道篆刻家。福岡教育大学特設書道科卒。日展会員・審査員。 ▶ 53

清水九兵衛（1922〜2006）
愛知県出身の彫刻家、陶芸家。 ▶ 171

シャルル・グレール（1806〜1874）
スイス出身、フランスで活躍した19世紀の画家。 ▶ 105

ジャン・オノレ・フラゴナール（1732〜1806）
18世紀のフランスの画家。ルイ王朝末期の宮廷風俗を描く。 ▶ 104

ジャン・フランソワ・ブラン（1953〜）
フランス出身の彫刻家。 ▶ 175

ジョエル・シャピロ（1941〜）
アメリカ出身の彫刻家。単純な長方形で構成された巨大な作品が特徴。文学修士の資格を持つ。 ▶ 42

ジョルジュ・シャンパンティエ ▶ 85

新宮晋（1937〜）
大阪府出身の彫刻家。東京藝術大学卒。彫刻のほか絵本や舞台装置も手がける。 ▶ 85

申明銀（シン・ミョンウン／1965〜）
韓国ソウル生まれの彫刻家。犬のシルエットをモチーフにした作品を多く手がける。 ▶ 175

は

ま

区別・種類別索引

東区

博多区

▶銅像・胸像

▶文学碑

▶記念碑

▶史跡類

中央区

▶そのほか

南区

▶絵画・彫塑類

▶文学碑

▶記念碑

▶そのほか

城南区

▶絵画・彫塑類

▶文学碑

早良区

西区

角　敬之（すみ・けいし）
1947（昭和22）年福岡県生まれ。
芝浦工業大学工業化学科卒業、化学専門商社・三木産業株式会社東京支店勤務を経て環境行政担当技術職員（化学職）として福岡県に入庁。水質保全、大気保全、アセスメント指導・審査、産業廃棄物監視・指導などを歴任し、環境部長を最後に2008（平成20）年3月に福岡県を退職。
その後、一般財団法人九州環境管理協会、一般財団法人日本環境衛生センター、一般財団法人有明環境整備公社と一貫して環境業務に携わる。

福博街なか博物館

■

2024年1月1日第1刷発行

■

著者 角　敬之

■

発行者 杉本雅子
発行所 有限会社海鳥社
〒812-0023 福岡市博多区奈良屋町13番4号
電話092（272）0120FAX092（272）0121
http://www.kaichosha-f.co.jp
印刷・製本 大村印刷株式会社
［定価は表紙カバーに表示］
ISBN978-4-86656-154-7